성장 전략으로서의 인재 채용
성장 면접

SHACHO JINJI SOMU NO TAME NO ATARASHII SAIYO KATSUDO
by Nobuhide Maki
Copyright ⓒ 2015 Nobuhide Maki
Korean translation copyright © 2016 by MyeongTae
All rights reserved.
Original Japanese language edition published by Diamond, Inc.
Korean translation rights arranged with Diamond, Inc.
throught Imprima Korea Agency.

이 책의 한국어판 저작권은 Imprima Korea Agency를 통해
Diamond, Inc. 과의 독점계약으로 도서출판 명태에 있습니다.
저작권법에 의해 한국 내에서 보호를 받는 저작물이므로 무단 전재와 무단 복제를 금합니다.

성장 전략으로서의 인재 채용

성장 면접

마키 노부히데 글 | 김진연 옮김

| 프롤로그 |

    회사가 작아도 우수한 인재를 확보할 수 있습니다. 혹시 앞 문장을 읽으면서 '절대 그럴 리 없어!'라고 생각했나요? 어쩌면 이렇게 생각했을지도 모르겠네요.
    '우수한 인재는 모두 대기업에 뺏기고 말 거야.'
    '우리 회사는 대기업처럼은 못 해.'
    '중소기업은 아무리 노력해도 안 돼.'
    '어느 회사에서도 채용하지 않을 것 같은 지원자만 와.'
    '입사만 한다면 이제 누구든 상관없어.'
    중소기업 채용에 몸담고 있는 저는 부정적인 생각에 빠진 대표님이나 인사 담당자들을 많이 봅니다. 작은 회사일수록 채용이 더 어려울지 모릅니다. 채용에 여러 번 좌절한 마음도 충분히 이해됩니다.
    대기업은 이름만으로도 인재가 모이고 채용 예산 또한 풍부합니다. 우수한 사원이 인사 담당자가 되는 데다, 연수나 훈련을 받으며 채용을 진행하기 때문에 자연스럽게 우수한 인재도 확보할 수 있지요.
    하지만 중소기업이라고 우수한 인재를 절대 채용할 수 없는 것은 아닙니다. 대기업처럼 돈을 들일 필요 없이 번뜩이는 지혜와 성실한 채용 기술 연구로 승부하면 됩니다. 중소기업의 처지를 한탄하기보다 '우리 회사도 할 수 있어!'라며 사고를 긍정적으로 바꾸면 결과는 크게 달라집니다. 오히려 중소기업의 근무 환경을 무기로 삼아 자사가 원하는 인재를 확보할 수 있는 방법들이 있습니다. 이 방법들을 알리고 싶은 마음에 저는 책을 쓰기로 결심했습니다.

중소기업의 채용 방식에는 궁합, 타이밍, 느낌을 중시하는 풍조가 뿌리 깊게 남아 있습니다. '사장님이 마음에 들어 하시니까' '지금 당장 일하러 와 준다면 누구든 상관없어' 등의 이유로 사람을 채용합니다. 지원자가 괜찮은 인재라면 이런 방식으로 채용해도 문제가 없겠지만, 채용해서는 안 될 사원을 채용하게 된다면 법률상 해당 사원을 그만두게 하기 어렵습니다.

꾸준히 일해 줄, 우수한 인재를 채용하는 데는 '기술'이 필요합니다. 하지만 중소기업에는 인재 채용에 관한 이론적 방법이나 매뉴얼이 확립되어 있지 않습니다. 회사에 들어가고 싶은 학생들은 취직을 위한 매뉴얼을 숙독하고 취직을 준비하는데, 정작 채용하는 회사의 채용 활동에는 기술이나 매뉴얼이 없는 경우가 많습니다.

인재 확보 경쟁에서 이기기 위해서는 지금까지의 채용 방법을 개선해야 합니다. 느낌이나 궁합만으로 채용 여부를 판단하기보다 전략적으로 인재를 채용해야 하지요. 중소기업이 해야 할 일은 방어적인 채용이 아닌 공격적인 채용입니다. 와 주는 사람이 아니라, 원하는 사람을 채용해야 합니다.

저는 채용 활동을 성공시키는 요인을 세 가지 측면에서 파악합니다. 첫 번째는 면접관의 수준 향상입니다. 면접관의 수준을 높이기 위해서는 제대로 된 방법으로 면접관을 육성해야 합니다. 두 번째는 평가 시트 활용입니다. 평가 시트는 면접관 또는 면접 시기마다 지원자에 대한 평가 기준이 흐트러지는 것을 막아 줍니다. 세 번째는 검사 수단 활용입니다. 사람이 사람을 판단하는 면접에는 아무래도 한계가 있기 마련입니다. 따라서 객관성 있는 검사 수단을 함께 사용하는 편이 좋습니다. 면접관 육성, 평가 시트 정비, 검사 수단 활용만으로도 채용 능력을 향상시키고 고용 미스매치를 줄일 수 있습니다.

  자사에 적합한 인재를 채용하면 회사의 실적이 올라갑니다. 반면, 자사에 적합하지 않은 인재를 채용하면 상상 이상의 위험이 뒤따릅니다. 회사 분위기에 익숙해지지 못해 금세 그만두거나 괴물 사원으로 변할지도 모르죠. 직장 내 사기는 물론 업무 효율도 떨어져 회사에 손실을 미칩니다.

✗ 면접마다 달라지는 채용 기준
✗ 자사에 지원해 주는 사람이라면 누구나
✗ 느낌이나 궁합으로 선택

○ 안목 있는 면접관, 세세한 평가 시트, 객관화된 검사를 바탕으로 하는 채용 기준
○ 자사가 원하는, 자사에 적합한 인재
○ 채용 기준에 맞는 전략적 선발

> **채용 활동을 성공으로 이끄는 세 가지 열쇠**
>
> **[핵심 1]** 면접관의 수준을 향상시킨다 ➡ 면접관 육성
> **[핵심 2]** 면접 평가 시트를 사용한다 ➡ 면접 기준 마련
> **[핵심 3]** 검사 수단을 활용한다 ➡ 지원자 성격 및 적성 파악

회사의 모든 것은 '사람'에 달려 있습니다. 모집 및 채용·배치·교육·평가·승진 및 승급·휴직·퇴직 관리를 통틀어 노무 관리라고 합니다. 노무 관리의 질을 향상시키려면 일단 '사람'이 들어오는 입구인 채용 활동의 수준을 높여야 합니다.

《성장 면접 : 성장 전략으로서의 인재 채용》은 모집 및 전형, 내정 퇴사 방지, 입사 후 지원까지의 과정을 알기 쉽게 담고 있습니다. 취직 활동을 하는 취업 준비생들에게 선택받을 수 있는 노하우, 채용해서는 안 될 지원자 유형등을 통해, 이 책 한 권만으로도 기초적인 채용 기술을 습득할 수 있게 하였습니다. 이 책을 통해 각 기업이 채용에 성공하고, 나아가 사회 전체적으로 기업 활성화가 이루어진다면 그보다 큰 기쁨은 없을 것입니다.

어떤가요? 가능할 것 같나요? 처음에 드린 말씀을 다시 한 번 반복하겠습니다. 회사가 작아도 우수한 인재를 확보할 수 있습니다. 여러분들이 이 책을 만난 이유는 여러분의 회사가 변화할 때이기 때문입니다. 자, 이제 새로운 채용 활동을 시작해 봅시다!

차례

프롤로그 • 4

제1장 사원 유형
채용에 실패하면 이렇게 고생한다
정말 있다! 절대 채용해서는 안 될 유형 10

채용하면 위험하다! 절대 채용해서는 안 될 사원 유형 10 • 13 | 금붕어니? 면접 당일 잠수형 • 14 | 내 마음 나도 몰라, 입사 번복형 • 16 | 이직 왜 했니? 이전 회사 비교형 • 21 | 내 이름은 애물단지, 사고뭉치형 • 24 | 곧 있으면 서른이다, 마마보이형 • 27 | 권력 관계를 즐긴다, 파워 게임형 • 29 | 감당할 수 없는 빚의 덫, 빚쟁이형 • 32 | 죽었니? 살았니? 무책임형 • 34 | 병약한 신체의 소유자, 환자형 • 38 | 나는 나의 길을 간다, 잦은 이직형 • 40

제2장 채용 전략
우수한 인재를 채용하기 위한
세 가지 법칙

자기 인생을 결정하지 못하는 사람들 • 45 | 자식 인생에 매달리는 부모도 바보지만 대학도 바보다 • 48 | 구인난이 계속되면 중소기업은 도산 위기에 처한다 • 50 | 채용에 실패하지 않으면 상황은 어떻게든 풀린다 • 52 | 이미 채용해 버린 사원은 해고할 수 없다 • 55 | 채용에 실패하면 회사는 수십억 원의 손해를 입는다 • 57 | 우수한 인재를 채용하기 위한 세 가지 법칙 • 59 | 실수투성이 채용 전형의 예 • 61

제3장 모집 전략 — 지원자를 늘리기 위한 실천 노하우

중소기업이 채용 전쟁에서 이기기 위한 전략은 모집과 전형에 있다 • 67 | 물고기가 없는 곳에서 물고기를 낚을 수 없다 • 68 | 높은 연봉으로 인재를 낚는 방법은 마약과 같다 • 70 | 모집 경로를 정해 중점적으로 공략한다 • 74 | 무료로 참가할 수 있는 합동 채용 박람회에 참가한다 • 77 | 대기업의 채용 시즌을 피해 채용에 나선다 • 79 | 구직 사이트를 이용하더라도 회사 홈페이지를 만들어 둔다 • 80 | 홈페이지에는 반드시 채용 안내란을 만든다 • 82 | 소재 지역의 대학에 방문하여 협력을 요청한다 • 84 | 전형 기준이 곧 성장 전략이다 • 87 | 대표가 주도하는 채용은 미스매치로 이어진다 • 89 | 회사 분위기와 어울리는 인재인지 확인한다 • 92

제4장 면접 전략 — 취업 준비생의 마음을 휘어잡는 효과적인 기술

취업 준비생에 대한 정보는 막 입사한 사원에게 물어라 • 97 | 채용 설명회에서는 대표가 직접 단상에 오른다 • 99 | 2차 면접에서는 일 잘하는 사원을 면접관으로 둔다 • 102 | 반드시 쓰인다! 면접 준비 매뉴얼 • 104 | 질문할 항목은 미리 준비한다 • 107 | 면접 질문을 만드는 두 가지 방법 • 108 | 면접에서 물어보면 안 되는 질문 • 111 | 평가 시트를 작성하여 면접 성공률을 높여라 • 114 | 평가 시트 항목과 예시 • 116 | 추구하는 인재상이 명확할수록 채용 미스매치를 줄일 수 있다 • 119 | 마지막은 입과 손으로 지원자를 설득하라 • 121 | 잘못된 면접 한 번으로 공공의 적이 될 수 있다 • 124

제5장 실전 면접 — 잘못된 인재를 고르지 않을 수 있는 간단하지만 확실한 방법

이력서 단계에서 채용해서는 안 되는 사원 파악하는 법 • 131 │ 심층 추구형 질문으로 지원자를 간파하는 기술 • 134 │ 창의적이고 자기 주도적인 인재를 원할 때는 논리 테스트를 활용한다 • 136 │ 비슷한 수준의 지원자는 성격을 보고 결정한다 • 138 │ 면접관으로서의 마음가짐 • 141 │ 면접관에게 요구되는 능력 • 143 │ 면접관에게 훈련이 필요한 이유 • 145 │ 면접의 목적 • 147 │ 이것만으로 알 수 있다! 일 잘하는 인재를 가려 낼 수 있는 다섯 가지 마법의 질문 • 151 │ 상대방의 진심을 끌어내기 위한 기술 • 154 │ 원하는 인재를 입사하게 만드는 '의욕 업' 면접 기술 • 156 │ 실제 면접에서의 포인트 • 157 │ 이런 사원은 절대 안 된다! 한 번 더 강조하는, 채용하지 말아야 할 지원자 유형 8 • 160

제6장 정착 전략 — 입사 후 삼 일, 삼 주가 정착을 결정한다

입사 후 삼일, 삼 주가 그 이후를 결정한다 • 167 │ 황금연휴 전후로도 반드시 면담을 • 169

에필로그 • 171

er
01 사원유형

채용에 실패하면
이렇게 고생한다
정말 있다! 절대 채용
해서는 안 될 유형 10

채용하면 위험하다! 절대 채용해서는 안 될 사원 유형 10

1장에서는 채용해서는 안 될 사원이 빈번하게 일으키는 문제와 그에 관한 대처법을 다룬다. 나아가 채용해서는 안 될 사원을 가려낼 수 있는 기술도 함께 소개한다. 실제 있었던 사례를 바탕으로 다음 10가지 유형을 살펴보자.

- 금붕어니? 면접 당일 잠수형
- 내 마음 나도 몰라, 입사 번복형
- 이직 왜 했니? 이전 회사 비교형
- 내 이름은 애물단지, 사고뭉치형
- 곧 있으면 서른이다, 마마보이형
- 권력 관계를 즐기다, 파워 게임형
- 감당할 수 없는 빚의 덫, 빚쟁이형
- 죽었니? 살았니? 무책임형
- 병약한 신체의 소유자, 환자형
- 나는 나의 길을 간다, 잦은 이직형

금붕어니? 면접 당일 잠수형

면접 시간이 지났는데도 나타나지 않았다. 면접이 일방적으로 취소됐다!

면접을 약속한 시간에 지원자가 나타나지 않는 일은 실제로 자주 있는 일이다. 면접에 오지 못한다고 연락하는 지원자도 있지만, 아무 연락 없이 면접에 나타나지 않는 지원자도 적지 않다. 이런 비상식적인 지원자는 회사 입장에서도 달갑지 않다.

모든 면접을 펑크 나지 않게 할 수는 없다. 하지만 지원자가 갑자기 면접에 나타나지 않을 확률을 줄일 방법은 있다. 바로 면접일 하루나 이틀 전에 전화를 걸어 면접 일시를 상기시키는 것이다. 지원자 입장에서 보면 '나한테 신경을 써 주네.'라는 생각에 회사에 대한 인상이 좋아지고 '면접 열심히 보자!'며 의욕도 생길 것이다.

지원자들은 보통 자기 하나쯤 면접에 불참해도 회사에서 별로 신경 쓰지 않을 거라고 생각하기 십상이다. 그러니 '우리 회사는 만반의 준비를 하고 당신을 기다리고 있습니다.'라는 자세를 보여 주자. 전화 한 통으로 면접이 일방적으로 취소되거나, 아무 연락 없이 지원자가 나타나지 않을 확률이 눈에 띄게 줄어들 것이다.

필자도 무료 세미나를 실시할 때 자주 이 방법을 쓴다. 참가비가 없으니 일단 신청하고 보자는 사람이 많아, 정작 세미나 당일이 되면 신청자 모두가 참석하는 일은 없다. 그래서 어느 날은 세미나 전에 날짜와 시간, 내용을 담은 확인 메일을 보냈더니, 아무 조치도 취하지 않았을 때보다 참가율이 훨씬 높아졌다.

면접을 보고 싶어 했던 지원자를 만나 볼 기회가 사라진다면 회사로서도 서운한 마음이 들기 마련이다. 물론 연락 없이 나타나지 않는 지원자는 당연히 달갑지 않다. 하지만 많은 가능성을 지닌 지원자를 한 사람이라도 더 만나 보고 싶은 마음 역시 회사의 속내다. 가만히 있어도 지원자가 모이는 대기업이라면 상관없지만, 인재 모집이 쉽지 않은 중소기업은 어떻게든 방법을 강구해야 채용 전쟁에서 이길 수 있다. 한 번이라도 회사를 눈여겨봐 준 지원자를 놓치지 않을 방법을 궁리해야 한다.

만약 사전에 연락했음에도 연락 없이 면접장에 나타나지 않는 지원자가 있다면, 행여 채용 기회가 생기더라도 해당 지원자를 절대 채용해서는 안 된다. 상식이 결여된 사람은 입사 뒤에도 상습적으로 무단결근하거나, 중요한 거래처와의 약속을 함부로 어길지 모른다.

내 마음 나도 몰라, 입사 번복형

한 회사에서 실제로 일어났던 비극을 소개하려 한다. 지원자가 최종 면접에 합격하여 채용이 결정되고, 4월 1일부터 입사하기로 했다. 그런데 입사 전날인 3월 31일, 해당 지원자가 경찰에 절도 혐의로 체포되었다.

해당 사원은 회사가 열심히 채용 활동을 해서 확보한 인재였다. 채용을 위해 비용도 들였다. 드디어 내일이면 신입 사원으로 들어와 일을 시작하기로 되어 있었다. 그런데 갑자기 입사할 수 없는 사태가 일어날 줄이야! 게다가 채용한 신입 사원이 경찰에 체포되리라고 누가 상상이나 할 수 있었겠는가?

만약 이 지원자가 입사했더라면 회사는 더 곤란해졌을 수 있다. 하지만 입사가 결정된 지원자가 갑자기 퇴사해 버리면 모든 인사 계획이 틀어지게 되므로, 내정된 지원자가 갑자기 퇴사하는 상황은 가능한 한 피하고 싶기 마련이다.

게다가 내정된 뒤에도 더 좋은 회사를 찾아 계속 구직 활동하는 지원자들이 많고, 우수한 지원자일수록 많은 회사에 붙는다. 따라서 채용 활동으로 합격자를 내정하여 인원을 확보했더라도 안심할 수 없다. 인사 담당자나 채용 담당자는 입사 번복을 방지할 대책에도 신경을 써야 한다.

필자는 여러 기업에 채용 기술을 조언해 오면서 입사 전 분위기 조성, 즉 긴장감 연출이 중요하다는 사실을 깨달았다. 이를 위한 효과적인 방법 중 하나는 채용 통지서를 작성해 서류로 남기는 것이다. 졸업 예정자의 경우 '입사 승낙서'를 받는 경우도 많다. 서류를 작성하고 나면 지원자의 태도는 확실히 달라진다.

채용 통지서 등의 서류까지 필요하냐는 의견이 있을 수도 있다. 하지만 이는 지원자에게 제대로 된 회사라는 인상을 심어 주기 위한 수단이다. 채용 통지서를 통해 지원자에게 '대충은 안 돼!'라는 사고를 하게 만드는 것이다.

채용 절차의 중요성을 알려 주면 내정자, 특히 졸업 예정자는 스스로 사회인이라고 의식하게 되어 갑작스러운 퇴사 같은 무책임한 행동을 자제하게 된다. 한 번 틈을 보이면 제동이 걸리지 않는 법이다. '회사에 틈이 있다'는 생각을 하게 만들어서는 안 된다.

금융 관련 기업에서는 '입사 승낙서'와 함께 '신원 보증서'를 제출받는 경우도 있다. 신원 보증서란 입사하는 본인 및 신분 보증인의 정보를 알 수 있는 서류를 의미한다. 입사한 사원이 업무상 고의 과실로 회사에 금전적 손해를 끼쳤을 경우, 회사는 사원에게 손해 배상을 청구한다. 이때 배상 금액을 직원이 감당할 수 없을 상황에 대비해 보증인을 세우는 것을 말한다. 최근에는 신원 보증서 대신 보증 보험으로 대체하는 것이 보통이다.

사실 입사 승낙서에 사인한 뒤에 퇴사하더라도 강제력 있는 법률로 퇴사를 막기는 어렵다. 서면 작성은 어디까지나 형식적인 절차지만 예방 효과는 크다.

▼ 채용통지서

채 용 통 지 서

_____ 귀하

당사의 채용 면접에 지원해 주셔서 감사합니다.
심사 결과 귀하를 채용하기로 결정했습니다.
다음 서류를 기일 내에 보내주십시오.
기일까지 서류 미제출 시 채용이 취소됨을 알려드립니다.

아　래

제출 서류 안내
최종 학교 졸업 증명서 1부
주민등록등본 1부
입사 승낙서 1부

주식회사 ××

대표 홍 길 동

▼ 입사승낙서

입 사 승 낙 서

귀사의 사원으로 입사함에 있어 다음 사항에 관해 서약하겠습니다.

1. 귀사의 취업 규칙 및 제반 규정에 따라 성실히 근무하겠습니다.
2. 이력서 및 채용 시의 제출 서류에 기재된 내용에 상이한 점이 있다는 사실이 판명되었을 때에는 채용이 취소되어도 이의가 없습니다.
3. 고의 또는 중대한 과실에 의해 회사에 손해를 끼쳤을 때에는 그 책임을 지겠습니다.
4. 인사상 이동이나 이적 명령이 있을 때에는 그 명령에 따르겠습니다.
5. 근무를 통해 귀사에서 알게 된 정보를 제삼자에게 누설하거나 제공하지 않겠습니다.

현주소
성명   (인)

주식회사 ××

대표 홍 길 동

이직 왜 했니? 이전 회사 비교형

채용 컨설턴트로서 활동해 오면서 경력직 채용에 실패한 회사를 수없이 많이 봐 왔다. 그 경험을 통해 알게 된 사실은 엘리트 사원을 경력직으로 채용할 경우에는 특히 주의를 기울여야 한다는 것이다.

전직의 경우, 지원자마다 출신 업종이나 직종이 다양하겠지만 공무원이나 금융인들은 주의하는 편이 좋다. 공기업이나 금융 기관에서 일하던 이들에게는 회사를 그만둘 이유가 거의 없기 때문이다.

생각해 보자. 공무원이라는 직업은 고용이 안정적인 데다, 연봉도 비교적 높은 편이다. 또한 공무원 시험에 합격하기 위해서 오랜 시간 준비하는 것이 일반적이다. 금융 기관 종사자 역시 일반 회사보다 높은 수준의 연봉을 받는다. 그런데 소위 남들이 부러워하는 '잘나가는 직장'을 버리고 전직을 희망하는 데는 특별한 이유가 있기 마련이다. 그러므로 전직자의 경우 이전 직장을 그만둔 이유를 확실히 파악해야 한다.

어디까지나 경험적인 판단이지만 30대에 공무원이나 금융 기관을 그만두고 전직하는 경우, 금전이나 인간관계 등 심각한 문제가 있는 사람이 적지 않다. 아무리 일을 잘하는 인재라도 지원자의 개인적인 문제에 회사가 휩쓸리는 상황은 피하고 싶을 것이다.

앞서 소개한 문제가 없다 하더라도, 대기업에서 규모가 작은 기업으로 이직한 사원은 이전 직장과 비교하는 경향이 있다. "예전에 다니던 회사는 이런 시스템이 아니었는데……." "이 회사에선 이 정도 일도 처리되지 않는 거야?" 등 무엇이든 비교하려 든다. 대기업과 비교했을 때 작은 회사는 분명히 부족한 점이 있다. 하지만 너무 빈번하게 이전 직장과 비교하면, 직장 내에 불협화음이 생겨나고 주위 사원들의 사기 또한 떨어지고 만다.

보통 외부에서 들어온 사람이 조직에 자신을 맞추거나 부족한 점을 고치기 위해 노력하는 법인데, 이런 유형의 사원은 회사를 받아들이지 못하고 불평불만만 늘어놓는다. 대기업에선 일을 잘했는데 중소기업에서 제대로 된 능력을 발휘하지 못하는 사원 중에는 이러한 유형의 사람이 많다.

사원에게는 그가 처음 들어간 회사의 '색'이 물든다고 한다. 큰 회사가 졸업 예정자 채용을 선호하는 이유에는, 백지 상태인 사원을 뽑아 자사의 가치관 및 업무 처리 방식 등을 공유하여 함께 일하기 편한 인재로 키워 나가려는 속셈도 있다. 신입 사원과 달리 경력직 채용으로 입사한 사원은 이미 각각의 '색'이 물들어 있다. 그러므로 경력직 사원 채용 시 자사의 '색'에 잘 어우러질 수 있을지를 꼼꼼히 살펴야 한다.

엘리트 인재에게 끌리는 것은 어찌 보면 당연한 일이다. 하지만 무엇보다 회사의 그릇에 적합한 인재를 고르는 '분수에 맞는 채용'

이 결과적으로는 성공한다. 엉뚱한 인재를 채용한 뒤, 회사가 기대했던 인재가 아니라며 후회해 봐야 이미 늦은 일이다.

이야기가 다른 길로 새지만, 필자 또한 이직 후 회사에 적응하기가 얼마나 어려운지 경험한 바 있다. '교세라' 그룹을 퇴직한 후, 사회 보험 노무사 사무소를 개업한 컨설팅 회사 사장님과의 연으로 그가 마련해 준 자리로 회사를 옮긴 적이 있다. 하지만 외부에서 온 사람이 갑자기 상사가 되니 마음에 들지 않았던 것일까? 입사하자마자 한 직원이 "마키 씨가 싫습니다. 마키 씨의 명령 따위 받고 싶지 않아요."라고 대놓고 말했다. 깜짝 놀라 "네?" 라는 말 뒤로 더는 아무 말도 하지 못했다.

그때 '사람은 생각이 아닌 감정으로 움직인다.'는 사실을 뼈저리게 느꼈다. 정론이 통하지 않을 때도 있는 법이다. 회사에 따라 다르긴 하겠지만, 중소기업의 경우 상상 이상으로 감정이 앞서는 경향이 있다.

내 이름은 애물단지, 사고뭉치형

　필자가 사회 보험 노무사로 일하던 시절의 일이다. 고문을 맡고 있던 회사의 산재 관련 서류를 처리하던 중 문득 교통사고를 일으켰던 사람의 이름이 다른 서류에도 등장한다는 사실을 깨달았다. 그 뒤로 비슷한 부류의 사람이 두세 명 더 나오자, 사고를 일으킨 사람은 또다시 사고를 일으킬 가능성이 높다는 사실을 확신하게 되었다.

　부주의한 탓인지, 운전이 거친 탓인지, 아니면 침착하지 못한 성격 탓인지 원인은 알 수 없지만 '반복해서 사고를 일으키는 사원'은 꼭 몇 명씩 있다. 사원의 잦은 실수는 회사 입장에서 썩 유쾌한 일이 아니다. 당장 자동차 보험료가 오르는 데다 대물 및 대인 보상에서 큰 손해를 입을 수 있기 때문이다.

　따라서 영업용 차량을 모는 업무를 비롯해 차를 사용하는 직종을 모집할 때는 전형 단계에서 지원자의 사고 이력을 확인해 둘 필요가 있다. 면접에서는 사고를 일으킨 적이 없다고 거짓으로 둘러댈 가능성도 있으니, 구두 확인뿐 아니라 '증거 자료'까지 확보하는 편이 좋다.

　지원자의 사고 이력을 확인하는 방법에는 두 가지가 있다. '카 히스토리(www.carhistory.or.kr)'를 통해 지원자 차량의 사고 내역을 직접 조회하는 방법과 경찰청에서 발급하는 운전 경력 증명서를 지원자로부터 제출받는 방법이다. 경찰청에서 발급하는 운전 경력 증명서의 경우 사고 이력뿐 아니라, 음주 운전 및 기타 교통 위반 사항까지 살필 수 있다.

운전면허를 확인하는 일도 잊어서는 안 된다. 자동차 운전이 꼭 필요한 업무, 예를 들어 거래처를 돌아야 하는 영업이나 상품을 배달하는 배송, 요양 센터로 환자를 옮겨 보살피고 다시 집으로 데려다주는 간병 업무 등에서 사원을 모집할 때는 면허증 소지 여부를 반드시 확인해야 한다. 아무렴 면허가 없는데 '있다'고 거짓말하는 사람은 없을 것이다. 하지만 운전이 꼭 필요한 직종에 지원했으니 당연히 운전면허증을 소지했으리라 믿는 행동은 위험하다.

채용할 때만 운전면허를 확인하는 회사도 많은데, 입사 후에도 일 년에 한 번씩 정기적으로 운전면허증 사본을 제출받도록 하자. 일을 못 하게 될까 두려워 면허 정지된 사실을 숨기거나, 깜박하고 면허증 갱신을 못해 효력이 사라졌다는 사실 자체를 모르는 경우도 있다.

사고를 일으킨 적은 없더라도 운전이 서툰 사람 역시 채용을 피하는 편이 좋다. 다음은 필자가 채용 컨설팅을 하는 기업에서 2년 전쯤 일어난 일이다. 해외에 머물다 입국한 유명 대학 출신이라는 이력에 끌려 한 사원을 채용했다. 그런데 해당 사원은 업무에 지장을 줄 정도로 운전을 못했다. 보통 사람이라면 한 시간에 갈 거리를 두 시간 이상 걸리는데도, 정작 본인은 운전이 서툴다는 자각도 없어 길을 외우려는 의지조차 없었다. 심지어 다른 사원이 동승하여 운전을 가르쳤지만 운전 실력은 나아지질 않았고, 결국 해당 사원은 입사한 지 반년 만에 회사를 그만둘 수밖에 없었다.

운전 실력이 형편없는 지원자를 입사 전 어느 선까지 거를수 있을지 확신하기 어렵다. 하지만 자주 운전하는지, 종렬 주차가 가능한지 등 자동차 운전에 관한 몇 가지 질문을 던져 보면 느낌상 알 수 있는 부분도 있다.

곧 있으면 서른이다. 마마보이형

일을 하다 보면 몸 상태가 좋지 않아 결근할 때도 있다. 특히, 사회에 막 첫발을 내디딘 신입 사원은 익숙하지 않은 일을 하다가 자기도 모르게 무리하기 마련이다. 몸이 아파 회사를 쉬는 것은 어쩔 수 없다. 하지만 "오늘 저희 아들이 감기에 걸려서 그러는데 하루 쉬게 해 주세요."라고 본인이 아닌 엄마가 연락을 해 오는 상황은 회사 입장에서 달갑지 않다. 사회인이 된 뒤에도 여전히 학생 신분을 벗어나지 못하는 걸까? 본인 대신 엄마가 회사에 연락을 하는데 어떤 의문이나 수치심도 가지지 못하는 것 같다.

내가 학교 다니던 시절과 달리 요즘은 대학 입학식이나 졸업식에 부모들이 총출동하고, 입사를 번복할 때도 부모가 연락하는 경우가 왕왕 있다. 그도 그럴 것이, 실제로 한 세미나에서 구직을 희망하는 고등학생을 대상으로 "학교나 아르바이트를 쉴 때 직접 연락을 하느냐?"고 물었더니 "엄마한테 해 달라고 부탁한다."라는 응답이 대다수였다. 이처럼 부모에게 의존하는 학생들이 사회로 나서고 있다. 부모 자식 간의 관계가 끈끈해지는 것도 좋지만, 자립하지 못한 상태로 사회에 진출하는 학생들이 늘어나는 현실이 우려된다.

졸업 예정자를 채용하려는 경우, 입사 후 자사의 색깔에 맞는 인재로 키워 나가겠다는 의도를 가지고 있을지 모른다. 하지만 부모와의 관계가 지나치게 끈끈한 인재를 채용하면 입사 후에 난처한 일을 겪을 수 있다. 자녀와 사이가 끈끈한 부모일수록 "우리 아이를 위해서"라는 말을 쉽게 입에 담기 때문이다.

요즘 학교나 선생님에게 터무니없는 요구를 하는 '몬스터 페어런츠Monster Parents'가 화제다. 극성스러운 부모는 자녀가 사회인이 된 뒤에도 변하지 않는 법이다. 이들은 무슨 일이든 간섭하려 들기에, 대수롭지 않은 일도 눈덩이처럼 커져 회사 측에서 대응하기가 힘들어진다. 마마보이 사원과 극성스러운 부모의 관계는 업무에도 영향을 미칠 수밖에 없다. 물론 학교를 갓 졸업한 사원을 가르치며 자립심을 길러 줄 수도 있다. 하지만 부모까지 가르칠 수는 없는 노릇이다.

그러므로 면접 시 지원자뿐 아니라, 지원자와 부모의 관계도 주의 깊게 살펴보길 바란다. 예를 들어 "엄마가" "아빠가" "부모님이" 등처럼 지원자 본인이 아닌 주어로 말을 시작하거나, 대답에 부모님이 빈번하게 등장하는 지원자는 반드시 주의해야 한다.

권력 관계를 즐기다, 파워 게임형

'파워 해러스먼트Power Harassment'라는 단어를 들어본 적 있는가? 파워 해러스먼트는 권력형 괴롭힘, 상사가 부하 직원을 괴롭히는 행위를 의미한다. 즉 상사가 자신의 권력을 무기 삼아 부하 직원에게 무리한 요구를 하거나 부하 직원을 정신적으로 궁지에 몰아넣는 행위를 뜻한다.

이와는 반대로 부하 직원이 상사를 괴롭히는 '역권력형 괴롭힘'도 있다. 권력형 괴롭힘만큼 자주 화제가 되지 않아서 감이 오지 않는 사람이 있을지도 모른다. 하지만 '역권력형 괴롭힘'으로 상사가 회사를 그만두는 사태도 발생하고 있다. 앞서 경력직 엘리트 사원형을 소개하며 회사마다 분수에 맞는 채용이 중요하다고 말했지만, 반대로 '일을 너무 잘하는 인재'를 채용해 안타까운 결과를 초래하는 경우도 있다.

여기서 분수에 맞는 채용에 대해 다시 한 번 생각해 보자. 흔히 말하는 '일 잘하는 인재'라고 해서 자사에 딱 맞는 인재라는 보장은 없다. 그러므로 얼마나 잘난 인재인지 살피기보다, 일 잘하는 인재로 성장할 수 있을지에 초점을 맞춰 채용해야 한다.

예를 들어 리더십이 뛰어나고 영업 능력이나 자립심, 판단 능력 등의 면에서도 높이 평가할 만한 젊은 사원이 입사했다고 치자. 리더십에 영업 능력, 자립심 그리고 판단 능력까지 이 얼마나 이상적인 채용인가. 하지만 막상 일을 시작해 보면 기대만큼 이상적이지는 않다. 중소기업에는 리더 자질이 검증되지 않은 사람이 상사가 된 경우가 적지 않기 때문이다.

중소기업에는 그저 근속 연수가 길거나 현장에서 직접 뛰는 선수로서 실적이 좋아 관리직이 된 사람들이 리더를 맡는 경우가 많다. 이는 결코 리더십을 평가한 인사가 아니며, 조직에도 좋지 않은 영향을 미친다.

리더 자질이 없는 리더가 이끄는 조직에 갑자기 리더십이 뛰어난 인재가 들어오면 어떻게 될까? 자칫하다가는 나름대로 기능하던 조직의 균형이 무너져 붕괴될 수 있다. 실제로 일 잘하는 부하 직원과 사사건건 대립하던 상사가 스트레스를 견디다 못해 휴직까지 하는 사례도 있다.

단기간에 히트 상품을 만들어 내야 하는 창조적인 업계나 수치가 모든 것을 말해 주는 인센티브 영업 등은 성과주의를 추구하므로, 부하 직원이었던 사원이 상사가 되는 일도 드물지 않다. 하지만 회사가 연공서열이나 화합을 중시하는 조직이라면 '너무 일을 잘하는 사원'을 입사시키는 행위가 일종의 도박이 될 수도 있다. 인재 채용은 매우 어려운 문제다. 신입 사원이 들어와도 기존 사원이 변함없이 자기 능력을 발휘할 수 있을지를 채용의 핵심으로 삼아야 한다.

채용 여부를 결정하기 위해서는 적성 검사를 이용하는 방법이 효과적이다. 필자의 회사에서는 신입 사원 채용뿐 아니라 기존 사원을 대상으로도 적성 검사를 실시한다. 적성검사를 실시하여 채용 기준을 마련해 두면 신입 사원이 회사의 조직(에 있는 사람들)과 잘 맞을지 여부를 판단할 수 있는 근거가 된다. 아무리 개인적인 능력이 뛰어난 인재라 해도 조직에 따라 마이너스가 될 수 있다는 점을 염두에 두자.

▼ '맞춤 인재'를 채용할 수 있는 적성검사 활용법

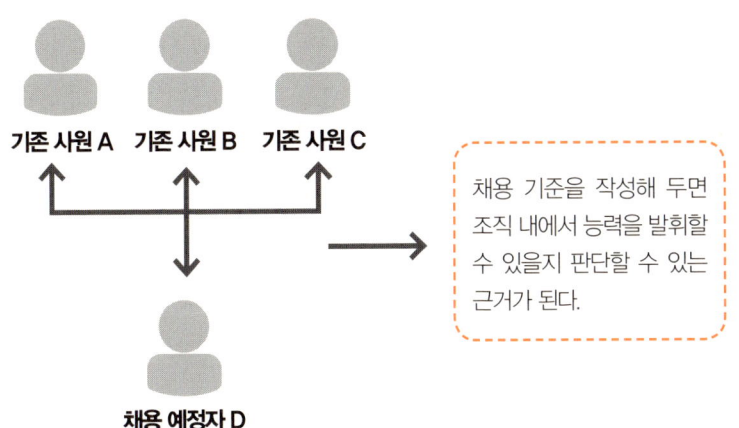

감당할 수 없는 빚의 덫, 빚쟁이형

　채용 면접에서 지원자들은 가능한 한 좋은 모습을 보이기 위해 최선을 다한다. 점수가 깎일 만한 주제는 말을 아끼고, 알려져서 곤란할 이야기는 감추며, 때로는 거짓을 둘러대기도 한다.

　만약 지원자가 큰 빚을 떠안고 있다는 사실을 모른 채 사원으로 채용한다면 어떻게 될까? 채용 컨설턴트이기 전에 노무사의 입장에서 말하자면 기본적으로 빚 문제는 사원의 사생활이므로 회사가 관여할 일은 아니다. 하지만 빚 독촉은 근무 중이라고 해도 봐주지 않는다. 독촉 전화는 사원의 자택 전화나 휴대 전화는 물론 근무처로도 끊임없이 걸려올지 모른다.

　해당 직원이 자리에 없다는데도 언제 돌아오는지 집요하게 묻는 전화가 계속된다면 어떨까? 같은 부서 사원들은 전화를 받을 때마다 업무가 중단되어 일에 방해를 받을 것이다. 또 상대방이 사채업자임을 밝히지 않더라도 빚 독촉 같은 좋지 않은 용건의 전화는 동료들이 자연스럽게 알아채기 마련이다. "아무래도 ○○ 씨가 빚에 쫓기고 있는 것 같다." 이런 소문은 한 번 나면 순식간에 퍼져 회사 분위기를 나쁘게 만든다.

　심지어 필자는 빚 문제로 고민하던 한 지원자로부터 면접에서 "월급을 가불할 수 있나요?" "월급을 주 단위나 일 단위로 받을 수 있을까요?" 등 돈에 관한 질문을 받은 적도 있다.

빚에 쫓기는 사원을 고용하지 않으려면, 지나치게 급여 지불 방법을 세세히 확인하거나 꿍꿍이가 있어 보이는 질문을 하는 지원자를 가려낼 직감이 필요하다.

죽었니? 살았니? 무책임형

어제까지 함께 일하던 사람이 갑자기 행방불명된다면 어떨까? 이때 말하는 행방불명은 범죄와 관련된 경우가 아니라 무단결근 후 갑자기 퇴직해 버리는 경우를 말한다.

어느 날 무단으로 회사를 안 나오더니 출근하지 않는 날이 이틀, 사흘, 나흘 지속된다. 걱정되는 마음에 상사와 동료들이 전화를 걸어 보지만 부재중 전화 메시지만 흘러나온다. 집을 찾아가 보아도 인기척은 없다. 연락이 되지 않으니 해당 사원이 어디로 갔는지조차 알 수 없다.

이처럼 평소와 똑같이 일하던 사람이 갑자기 출근하지 않는 경우는 사실 적지 않다. 이 책을 읽는 독자 가운데 "우리 회사에도 있었어!"라며 고개를 끄덕이는 사람이 많지 않을까?

무단결근이 이어지다 퇴사한 경우, 해당 직원은 보통 자신이 100% 회사를 그만두었다고 생각한다. 본인은 그만둔다는 이야기 없이 퇴사한 것이지만, 사실 회사 입장에서는 아무 말도 듣지 못했기 때문에 무단결근 상태로 볼 수밖에 없다.

이런 사원은 어떻게 처리하면 좋을까? 그만두겠다는 의사를 확실히 밝힌 퇴직 신청서가 있다면 퇴사 절차가 순조롭게 진행되지만, 본인 의사도 알 수 없고 연락도 안 되는 경우는 절차가 간단하지 않다.

사원이 행방불명된 경우 대부분 개인 사정에 의한 퇴직으로 처리된다. 하지만 퇴직으로 처리한대도 문제는 남는다. 퇴직 신청서를 제출하지 않았기 때문에 회사로 돌아올 가능성도 남아 있기 때문이다.

오랜 무단결근 끝에 출근한 사원이라 해도 자기 자리가 없어졌다면 어떤 태도로 나올까? 개인 사정에 의한 퇴직은 당사자의 의사 표시로 퇴사 여부를 처리하기 때문에 "나는 회사를 그만둔 기억이 없다." "사측 멋대로 퇴사 처리를 했다." 등의 클레임을 걸거나 최악의 경우 손해 배상을 청구해 올 가능성도 예상해야 한다.

퇴사가 아닌 해고로 처리하면 된다고 생각할 수도 있다. 하지만 해고시키는 데도 문제가 있다. 해고는 회사 사정으로 결정하는 일이기 때문에 사원 본인의 의사와는 관계가 없다. 또, 해고 시에는 사회 통념에 걸맞고 객관적으로 봤을 때 합리적인 이유가 필요하다. 이번 '무책임형'처럼 사원이 행방불명된 경우에는 마땅한 해고 이유를 제시하기 어렵다.

해고 처리는 법률적인 문제도 있다. 근로기준법상 회사는 사원을 해고하려면 30일 전에 본인에게 예고해야 하는데, 행방불명 상태라면 해고 사실을 전달받을 상대방이 없다. 물론 예고 없이 해고할 수도 있다. 하지만 이 경우 30일분의 임금을 지불해야 하는 의무가 발생한다(해고 예고 수당). 예고 없이 해고하는 대신 그 기간에 대한 보상이 의무화되어 있는 셈이다.

이렇게 검증해 가다 보면 개인 사정에 의한 퇴직으로 처리하는 방법이 가장 최선이라 할 수 있다. 따라서 앞서 말한 불명확한 퇴사 의사, 해고 예고 수당 지급, 해고 사유 미비와 같은 문제점이나 당사자와 이야기가 잘 안 되어 소송이 걸렸을 때의 위험에 대비하여 회사는 대책을 강구해야 한다.

이런 위험을 미연에 방지할 수 있는 가장 좋은 방법은 사전에 "무단결근이 ××일 동안 지속될 경우 당사자 개인 사정에 의한 퇴직으로 간주한다." 등의 문구를 고용 계약서 등에 넣어 두는 것이다. 이렇게 계약서를 작성해 두면 소송까지 가더라도 회사가 일방적으로 불리해지는 일은 없어진다.

경험에 따르면 의료나 요양, 간병 관련 일은 이리저리 옮겨 다니는 사람들이 많다 보니 아무 연락 없이 그만두는 사람이 꽤 많다. 누구에게나 지금 회사보다 조건이 좋은 회사로 옮기고 싶은 마음은 있다. 내일부터 나와 달라는 회사가 있으면 곧바로 그쪽으로 달려가는 사람도 있다. 퇴직 신청서를 제출하기 어려운 분위기가 있는 것인지, 싫은 말을 듣기 싫어서인지 그 이유는 알 수 없지만 '무책임형' 사원들은 아무 말 없이 회사를 떠나간다. 따라서 회사 측은 대처 방법을 미리 준비해 두어야 한다.

사원이 한 사람 줄면 다른 사원의 부담이 늘어난다. 그렇다고 퇴사한 사원 자리에 새로운 사람을 바로 투입하기도 쉽지 않다.

따라서, 예측하지 못한 사태가 발생해도 원활하게 대처할 수 있도록 준비하는 것은 물론 무단 퇴사가 발생하지 않도록 사내 환경을 구축하는 데에도 힘을 쏟아야 한다.

병약한 신체의 소유자, 환자형

어느 회사나 입사 후 건강 검진을 실시한다. 하지만 입사 전 건강 검진은 회사마다 차이가 있다.

열심히 일해 줄 인재를 찾는다면 지원자에게 '취업용 건강 검진서'를 제출해 달라고 요구하자. 회사에 일어날 수 있는 다양한 위험을 미연에 방지할 수 있다. 입사 전 신입 사원의 건강 상태를 살피지 않았다가, 입사한 지 얼마 안 돼 사원에게 병이 있다는 사실을 알게 된다면 회사는 난처한 입장이 될 수밖에 없다.

실제로 있었던 일이다. 큰 병에 걸린 사람이 필자의 회사에 입사했다. 입사 후 얼마 지나지 않아 몸 상태가 안 좋아졌고, 정밀 검사 결과 암이라는 진단을 받아 바로 병원에 입원했다. 수술한 후에도 투병 생활은 한동안 계속되었다. 이 경우 회사 입장에서는 해당 사원을 왜 채용했는지 알 수 없게 된다. 병에 걸린 사람도 힘들겠지만, 회사 역시 고용 보험료나 국민건강 보험료 같은 사회 보험료 등의 비용을 추가로 부담하게 된다.

사원이 건강상의 이유로 휴직하는 경우 회사는 취업 규칙에 명기되어 있는 휴직 규정에 의거하여 처리해야 한다. 고용노동부 표준 취업규칙안에 따르면 업무 외 질병·부상·가사 등의 사유로 휴직할 경우 무급을 원칙으로 하므로, 사원이 입원하여 휴직하는 동안 회사에 통상 임금 지불 의무는 발생하지 않는다. 하지만 사회 보험료는 계속 부담해야 하므로, 회사는 해당 사원이 휴직하기보다 퇴사하기를 바라게 된다.

병가로 인한 손실을 어디까지 방지할 수 있을지는 명확하지 않지만, 채용 전 휴직 규정을 다시 한 번 살펴볼 수는 있다. 작은 회사의 경우 인터넷으로 다운로드할 수 있는 무료 양식을 그대로 사용하는 경우도 많은데, 무료 양식을 사용하더라도 해당 규정은 반드시 확인하길 바란다.

예를 들어 "시용 기간 중인 사원은 휴직 대상에서 제외한다." 등의 내용을 휴직 규정에 넣어 두자. 입사하자마자 일을 못 하게 되는 경우 사원이 노동 계약을 이행하지 않은 셈이 되므로 합법적인 해고도 생각해 볼 수 있다.

휴직 규정을 살펴보지 않더라도 입사 전에 건강 검진만 실시한다면 문제는 확연히 줄어든다. 만약 검사 결과에 문제가 있다면 채용을 보류하여 입사 전에 위험을 막을 수 있다.

한편, 최근에는 스트레스에 약한 사람이나 우울증에 걸린 사람도 늘어나고 있다. 물론 사람마다 어떤 일에, 얼마큼 스트레스를 느끼는지는 다르다. 하지만 스트레스 검사를 이용하면 지원자가 가진 정신적인 나약함을 미리 판단할 수 있다.

나는 나의 길을 간다. 잦은 이직형

입사하자마자 휴직하는 사원이 생기면 회사에는 손실이 생긴다. 하지만 입사한 지 얼마 안 되어 퇴사하는 사원이 나오면 그 피해는 더 크다.

몇 번이고 교통사고를 내는 '사고뭉치형'처럼 이직을 밥 먹듯 하는 지원자도 요주의 인물이다. 경력직 지원자 중 이전 회사를 반년 또는 일 년이라는 짧은 주기로 그만두거나 회사를 자주 옮겨 다닌 사람을 채용한다면 해당 지원자는 조기 퇴직할 확률이 높다. 쉽게 질리는 성격 탓인지, 스트레스에 약한 탓인지, 아니면 독립심이 강한 탓인지 이유는 알 수 없다. 하지만 경력직 채용, 특히 이직이 잦은 지원자의 경우 이전 회사를 그만둔 이유에 관해 상세히 질문하는 편이 좋다.

나 또한 입사한 지 일주일 만에 회사를 그만둔 경험이 있다(물론 경력에서 삭제했다). 막상 일을 하다 보니 '이대로 다녀도 괜찮을까?'라는 회의가 들었기 때문이다. 입사하자마자 퇴사하는 경우는 구직하는 측과 채용하는 측의 미스매치라고도 할 수 있다.

독립성이 지나치게 강한 지원자도 채용해서는 안 된다. 모집 전형 때는 의욕적인 사람이 높은 평가를 받기 마련인데, 그중에는 독립적인 성향이 강해 조직 안에서 오랫동안 일할 수 없는 유형의 사람도 있다. 독립적인 성향을 입사 전에 파악하기는 어렵다. 하지만 적성 검사를 실시하면 높은 업무 의욕, 조직에 대한 낮은 정착도 등의 검사 결과를 통해 이직하는 성향이 강하다는 사실을 읽어 낼 수 있다.

채용 면접을 하는 자리는 진지하다. 지원자들은 마음에 화장을 하고 자신을 멋지게 보이고자 한다. 그 화장 아래 감춰진 진짜 모습을 찾아내는 것이 바로 면접관의 일이다. 이 책을 통해 면접에 나선 지원자의 화장을 지우는 데 꼭 필요한 기술을 습득하길 바란다.

제1장 포인트

❶ '문제 사원'의 입사를 막을 수 있도록 시스템을 마련한다.
❷ 채용 전 지원자에게 '취업용 건강 검진서'를 제출받는다. 운전이 필요한 직종이라면 '운전 기록 증명서(경찰청)'을 요구한다.
❸ 적성 검사를 통해 직종과 지원자 성격의 미스매치를 예방한다.

02 채용전략

우수한 인재를 채용하기
위한 세 가지 법칙

자기 인생을
결정하지 못하는 사람들

　1장의 '마마보이형'에서도 언급했지만, 구직 활동을 하는 사람들 중에는 부모로부터 아직까지 독립하지 못한 사람들이 많다. 입사 여부를 부모에게 상담하고, 부모가 반대하면 내정되었다 하더라도 의사를 번복한다. 부모들 또한 자녀들의 학교 진학은 물론 취업까지 자신들의 가치 판단 기준으로 결정하려는 경향이 강하다. 아무래도 예전과 달리 자식을 하나둘 정도밖에 낳지 않는 저출산의 결과인 듯하다.

　애지중지 키운 자식이 잘되기 바라는 부모 마음은 충분히 이해된다. 자녀를 일류 대학에 보내고 일류 기업에 취직시키고 싶은 건, 대다수 부모들의 한결같은 바람일 것이다. 하지만 왜 부모들은 자녀가 일류 기업에서 적응해 낼 수 있는지 여부엔 관심이 없는 걸까? 필자가 대기업인 '교세라'라는 회사로 전직했을 때 우리 부모님 또한 '교세라'라는 간판만으로 행복해하셨다. 역시 대기업이 가지는 안정성은 부모의 눈에 큰 매력으로 비치나 보다.

부모들의 판단 기준은 자신들이 아는 회사인지 아닌지에 따라 크게 좌우된다. 예를 들어 법인을 대상으로 사업을 전개하는 B2B(Business to Business, 기업 간 거래) 기업 중에는 일반 소비자들에게 잘 알려지지 않았어도 매력적인 회사가 많다. 이런 업계에는 일본 내 시장 점유율 1위, 세계 시장 점유율 3위 등 틈새시장에서 활약하는 우수한 기업도 적지 않다.

하지만 아무리 상장 기업, 우수 기업이라고 해도 부모들은 자신이 모른다는 이유 하나만으로 자녀가 지원할 기업 후보에서 제외해 버린다. 심지어 '그런' 회사에 들어갈 생각일랑 말고 다른 회사를 찾아보라며 간섭하기까지 한다. 이런 까닭으로, 대기업에 비해 지명도가 낮은 중소기업은 채용에서 고전을 면하기 어렵다. 실제로 채용 박람회 등에 가 봐도 중소기업 부스는 역시나 지원자들이 잘 모이지 않는다.

그렇다고 중소기업이 좋은 인재를 절대 채용할 수 없는 것은 아니다. '어차피 대기업은 이길 수 없어.'라고 좌절하기 전에 중소기업의 매력을 떠올려 보자. 일반적으로 일컬어지는 중소기업의 매력은 신속한 의사 결정과 행동력, 개성 넘치는 특기 분야와 다양한 가능성 등이다. 더불어 경영자와 사원이 하나 되고, 한 사람 한 사람의 노력이 눈에 보이는 성과로 직결된다는 점도 중소기업의 매력으로 들 수 있다.

구직 활동을 하는 학생들에게 자사를 소개할 때도 분업화된 대기업과 비교하여 "우리 회사에서는 부분이 아닌 전체를 담당할 수 있다." "젊었을 때부터 큰일을 경험할 수 있다." 등의 장점을 들려준다면 '도전해 보고 싶다.'며 마음이 바뀌는 지원자가 분명 나타날 것이다. 그러니 중소기업만의 매력과 자사의 강점을 잘 섞어, 성의 있게 채용 정보를 제공해 나가자.

자식 인생에 매달리는 부모도 바보지만 대학도 바보다

앞서 자녀의 구직 활동 시 부모의 개입에 관해 이야기했다. 그런데 놀랍게도, 이런 부모의 개입은 대학 경영에까지 영향을 미친다. 필자는 고등학생과 대학생의 취업 활동도 지원하고 있어서 실제로 대학이 제공하는 취업 현장에 가 볼 기회가 많았다.

현장에서 필자는 졸업생들을 대기업에 취업시키기 위해 필사의 노력을 하는 대학들을 만날 수 있었다. 그런데 왜 대학들은 이런 노력을 하는 걸까? 바로 학부모 만족도를 높여 신입생 수가 줄지 않게 하기 위해서다. 대학은 신입생이 줄면 경영상 어려움을 겪게 된다. 그래서 학부모 만족도를 최대한 높이기 위한 방안의 하나로 졸업생의 대기업 취업률 높이기에 열을 올린다.

대부분의 부모들은 자녀가 대기업이 아닌 중소기업에 취직하면 장래가 불안정하다고 생각하며 걱정한다. 사정이 이렇다 보니 대학은 대기업 취업률을 높여, 학부모 및 예비 학부모들에게 좋은 인상을 얻으려 노력한다. 학부모의 만족에 따라 학생의 대학이 결정되다니 서글픈 현실이 아닐 수 없다.

심지어 대학을 대기업에 취업하기 위한 학원 정도로 인식하는 학부모들도 적지 않다. 나아가 자녀가 취업하는 회사에 대한 평가 기준 또한 부모들 자신이 알고 있는 기업에 무게를 두는 경향이 있다. 대학 측도 대기업에 치우친 지원 활동을 펼치기 십상이다.

실제로 내가 사는 지역에서는 졸업을 앞둔 학생들을 중소기업과 연결하는 일에 협력해 달라고 지역 소재 대학에 부탁할 경우, 입학 성적이 높은 대학일수록 거절하는 경향이 강하다. 유감스러울 따름이다.

구인난이 계속되면 중소기업은 도산 위기에 처한다

회사는 사람이 일할 때 비로소 기능한다. 앞으로도 인재 부족 현상은 계속될 전망이고, 아무 조치도 취하지 않는다면 중소기업의 미래는 더욱 팍팍해질 것이다.

회사의 경영 자산은 사람, 물자, 자본, 정보라 일컫는다. 그중에서도 역시 '사람'은 가장 중요한 자산이다. 사람이 없으면 회사는 돌아가지 못하고, 생산 활동을 하지 못하면 회사는 존속할 수 없다. 하지만 회사에 새로운 사람이 들어오면 기존 사원만으로는 할 수 없었던 일도 가능해진다. 새로운 인재의 등장으로 회사는 변화하고, 성장하고, 진화한다.

인재 부족은 두 가지 경우를 의미한다. 하나는 일손의 '양', 또 하나는 능력의 '질'이다. 유감스럽게도 현재 중소기업에는 양과 질 모두 부족하다. 이는 심각한 문제이며, 따라서 채용 활동은 중소기업의 가장 중요한 과제가 되고 있다.

중소기업중앙회가 통계 낸 2015년 중소기업현황에 따르면, 한국의 전체 기업 수 341만5863개 가운데 중소기업 수는 341만2733개로 약 99.9%에 달하고, 전체 근로자 수 1534만4860명 중 1342만1594명, 즉 87.5%가 중소기업에 종사하고 있다. 중소기업 근로자가 전체 근로자의 대다수를 차지하고 있는 셈이다.

중소기업을 지탱하는 것은 바로 '사람'이고, 채용의 중요성은 나날이 높아지고 있다. 채용 기술 향상은 곧 최적의 인재 확보로, 기업의 생존으로 이어진다.

채용에 실패하지 않으면 상황은 어떻게든 풀린다

　채용은 노무 관리로 들어가는 입구다. 입구를 지난 뒤에는 출구를 향해 나아가기 마련이며, 여기서 출구란 정년이나 전직 등으로 회사를 그만두는 때를 의미한다. 입구에서 출구까지, 즉 채용에서 입사 후의 배치·교육·평가·승진 및 승급·휴직·퇴사까지의 관리를 '노무 관리'라 한다. 이 노무 관리를 통제하기 위해서는 역시 입구인 채용이 가장 중요하다.

　채용을 제압하는 자가 노무 관리를 제압한다고 해도 과언이 아니다. 따라서 노무 관리의 입구부터 출구까지 장기적인 계획을 고려해 채용 전략을 세워야 한다. 강물의 흐름에 비유하자면 상류에서 물길을 잘 잡아 두었을 때 하류가 안정적이듯, 노무 관리 역시 입구를 잘 다져 놓으면 그 뒤의 일은 순차적으로 풀린다고 볼 수 있다.

　회사는 채용한 사원이 능력을 발휘하지 못하거나 원하는 인재상과 실제 사원 자질이 다를 경우 해당 사원을 어떻게 해야 할지 고민하게 된다. 채용으로 인해 벌어지는 이와 같은 문제는 채용 과정을 명확히 하고 채용 활동을 강도 높게 진행함으로써 미연에 방지할 수 있다.

　사원을 교육하는 측면에서 봐도 채용 과정은 반드시 강화되어야 한다. 동일한 사원 교육을 실시해도 실제로 성장하는 사람과 그렇지 않은 사람이 있다. 차이는 개개인의 능력에 달려 있다. 따라서 채용에 신경을 쓸수록, 입사 후 교육에서도 높은 성과를 내는 인재를 확보하기 쉬워진다.

다시 한 번 강조한다. 노무 관리의 시작은 곧 채용이다. 따라서 "의욕적이어서 맘에 드는군. 내일부터 출근하게." 같은 감정에 치우친 채용은 당장 그만두자. 인원만 보충하면 된다는 식의 채용으로는 인재 미스매치가 발생하고, 그 결과 회사는 성장하지 못하게 된다.

2016년을 정점으로 한국의 생산 가능 인구는 감소세로 들어선다. 인재 확보 경쟁에서 불리한 중소기업이야말로 채용을 사업 전략의 가장 중요한 과제로 삼아야만 살아남을 수 있다.

▼ 노무 관리는 입구가 중요하다

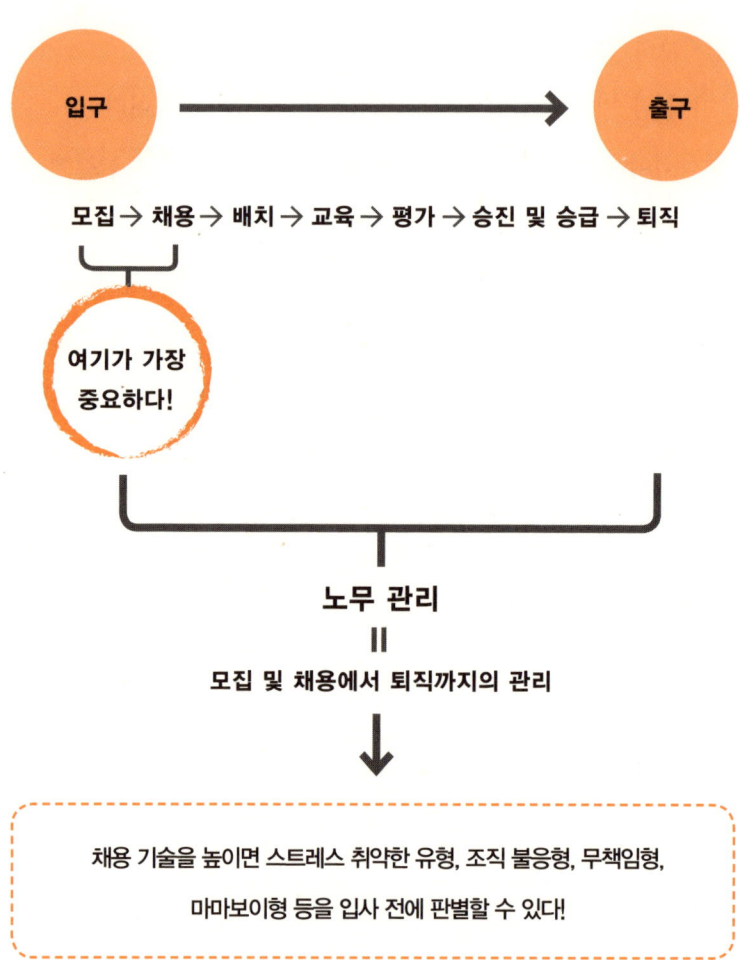

이미 채용해 버린 사원은 해고할 수 없다

채용에 실패하면 여러 가지 문제를 떠안게 된다. 기대했던 인재가 아니었다든지, 더는 고용할 수 없어 그만두라고 할 수 밖에 없는 상황이라면 어떻게 해야 할까?

"시용 기간 중에는 자유롭게 해고하면 된다."고 말할지 모르지만, 사실 시용 기간 중의 해고도 쉽지 않다. 시용 제도란 정식 근로 계약을 체결하기 전 근로자의 업무 능력과 자질, 인품, 성실성 등을 일정 기간 관찰한 후 채용을 결정하는 제도다.

한국의 경우 근로 기준법에서 시용 기간을 정의하지 않으며, 회사의 취업 규칙·경영 관행 및 당사자의 합의에 따라 정해진다. 다만, 시용 기간 중인 근로자에 대하여 근로 계약 체결을 거부하는 경우 근로 기준법 제27조 규정이 정한 바에 따라 해고 시기와 해고 사유를 서면으로 통지하도록 규정하고 있다(대법원 판례 2015. 11. 27. 선고 2015두48136).

해고는 사회 통념에 걸맞고 객관적으로 봤을 때 합리적인 이유가 없으면 인정받지 못한다. 해고 행위 자체는 위법이 아니더라도, 해고당한 사원이 부당 해고 소송이라도 건다면 회사는 불리한 입장에 놓이게 된다.

법적인 면에서 보자면, 해고는 어렵지만 채용은 자유롭다. 채용 조건을 깐깐하게 따진다면 채용 시 약간의 제약은 있겠지만, 고용하는 측의 재량이 인정되므로 문제될 것은 없다. 따라서 채용한 사원을 어떻게 퇴사시킬지 고민하기보다, 애당초 채용해서는 안 될 사원을 채용하지 않아야 한다.

경영권에는 인사권이 포함되어 있고, 인사권에는 채용권이 포함되어 있다. 나는 개별 상담이나 세미나 때 "경영자로서 채용권을 100% 활용하라."고 여러 번 이야기한다. 일단 채용하고 시용 기간 중에 살펴보겠다는 생각이라면 큰 오산이다. 채용 단계에서 채용해서는 안 되는 인재를 차단하는 편이 결과적으로는 훨씬 더 낫다.

채용에 실패하면 회사는 수십억 원의 손해를 입는다

채용 실패로 입을 수 있는 손실액이 어느 정도라고 생각하는가? 채용 설명회나 행사 경비, 인사 담당자 인건비 등 채용 활동에 드는 비용은 많아야 몇천만 원 정도다. 하지만 이것만으로 끝날까? 아니, 더 든다. 채용 후에 드는 급여와 사회 보험료 등도 고려해야 하기 때문이다.

연봉 2500만 원을 기준으로 채용에 드는 비용을 계산해 보자. 대학 졸업 후 입사하여 정년까지의 근속 연수를 약 30년이라고 친다면 연 수입×근속 연수=7억 5천만 원이다. 연봉을 인상하지 않은 인건비만으로 이 정도다. 이외에 4대 보험료 및 교육 훈련 비용, 신입 사원 채용에 드는 인건비, 컴퓨터와 같은 설비에 드는 비용도 부담해야 한다.

이렇게 계산하다 보면, 채용 비용은 8억 원을 훌쩍 뛰어넘는 금액이 된다. 상상 이상의 금액에 놀라지 않았는가? 우수한 인재를 채용하면 들인 비용 이상으로 일해 주기 때문에, 회사는 순조롭게 성장할 수 있다. 하지만 채용에 실패하면 비용만 손실된다.

채용에 실패하면 인재를 확보할 수 있는 기회도 잃는다. A씨를 합격시켰으나 입사 후에 살펴보니 실패한 채용이었다고 가정해 보자. 만약 A씨를 채용하지 않았더라면, 자사는 우수한 B씨를 채용했을지 모른다. 하지만 자사는 A씨를 채용했고, 우수한 B씨를 채용한 타사는 쑥쑥 성장하는 반면 자사는 A씨를 채용한 결과 성장은 커녕 손실만 보게 된다.

　훌륭한 인재를 확보할 기회까지 잃는 점을 감안한다면 채용 실패는 큰 손실을 낸다고 볼 수 있다. 따라서 채용에 나설 때는 채용 실패가 미치는 손실을 반드시 염두에 두어야 한다.

우수한 인재를 채용하기 위한 세 가지 법칙

앞서 설명한 것처럼, 인재 확보 경쟁에서 승리하려면 기존의 채용 방법을 개선해야 한다. 특히 중소기업은 방어적인 채용이 아닌 공격적인 채용에 나서야 하며, 느낌이나 궁합만으로 채용 여부를 판단하기보다 전략적으로 채용을 결정해야 한다.

고작 이삼십 분의 면접만으로 지원자를 판단하는 데는 사실 한계가 있다. 지원자를 미처 파악하기도 전에 면접관 스스로 실수를 범할 수 있기 때문이다.

평가 과정에서 나타나는 대표적인 실수로 후광 효과Halo Effect를 들 수 있다. 후광 효과는 눈에 띄는 특징에 이끌려 다른 특징에 대한 평가가 왜곡되는 현상을 의미한다. 동경대 출신이라는 말만 듣고 '동경대를 나왔으니 머리가 좋을 거야. 일도 잘할 것 같아.'라고 판단하는 것이다.

이외에도 면접은, 판단을 보류하고 대상을 중간 정도로 평가하는 '중심화' 경향이나 대상을 실제 능력보다 높게 평가하는 '관대화' 경향 등 여러 심리적인 효과가 영향을 미치기 쉽다.

그러므로 회사는 면접관을 전문적으로 육성하고, 평가에 흔들림이 없도록 면접 평가 시트를 마련할 필요가 있다. 자세한 방법은 3장에서 설명하겠지만, 적성 검사 및 능력 검사 등의 '검사 수단' 활용도 제안한다. 검사 수단을 활용하면 방대한 데이터를 바탕으로 해당 인재의 적성을 분석할 수 있다. 인내심이 강한지, 꼼꼼한지, 감정적인지, 신중한지 등은 물론 책임감이 강한지, 스트레스에 어느 정도 버틸 수 있는지까지 알 수 있다. 이를 바탕으로 영업에 적합한지, 사무에 적합한지 등을 파악할 수 있고 팀을 배정할 때도 참고 데이터로 활용할 수 있다.

　이상 전문적인 면접관 육성, 면접 평가 시트 정비, 검사 수단 활용을 통해 채용해서는 안 될 사원의 입사를 '노무 관리의 입구'에서 차단하자.

▼ 성격 특성에 따라 적합한 직종

확실하고 정확한 처리가 필요한 업무
꼼꼼한 성격 및 강한 인내심, 상식적이고 준법적인 사고, 강한 책임감 등

정신력이 필요한 업무
적극적인 성향, 자신감 넘치는 성격, 높은 자율성 등

발로 뛰어야 하는 업무
적극적인 성격, 높은 자율성, 낮은 프라이드, 융통성 있는 성향, 겸손한 태도 등

집중력이 필요한 업무
꼼꼼한 성격 및 강한 인내심, 신중한 판단, 감정 기복이 적은 성격, 비사교적인 성향 등

실수투성이 채용 전형의 예

다음은 일반 중소기업들을 대상으로 실시한 채용 전형에 관한 조사 결과다.

- 면접 시에 면접 시트나 평가 시트 등을 활용하지 않는다. …… 66%
- 채용 내정을 결정하기까지 면접을 2회 이상 실시하지 않는다. …… 66%
- 채용 후 1개월 이내에 조기 퇴직한 사례가 있다. …… 66%
- 적성 검사나 능력 검사 등을 도입하지 않았다. …… 55%
- 채용해야 할 인재상을 명확히 하지 않았다. …… 22%

조사 결과를 살펴보면, 인재상을 명확히 하지 않은 기업이 22%에 달하고, 평가 시트나 검사 수단을 활용하지 않는 기업은 절반을 훌쩍 넘는다. 앞서 소개한 평가 시트, 적성 및 능력 검사, 인재상 수립 등을 활용한다면 부적절한 채용은 물론 채용해서는 안 될 인재로 인해 발생하는 문제도 줄일 수 있다.

채용해야 할 인재상을 명확히 한다는 것은 인재상으로 단순히 '괜찮은 사람'을 정한다는 것이 아니다. 회사의 이념에 걸맞은 사람, 성취 욕구가 강한 사람, 숫자에 밝은 사람 등 처음부터 뽑고자 하는 인재상을 명확히 정해 두어야 이에 맞게 인재를 모집할 수 있다.

필자가 기업들에게 제안하는 '채용하지 말아야 할 여덟 가지 지원자 유형'이 5장에 소개되어 있다. 이 인재상들과 반대되는 인재상을 머릿속에 그리다 보면, 자사에 필요한 인재상이 명확해질지도 모르니 참고하기 바란다.

▼ 성공하는 채용의 세 가지 포인트

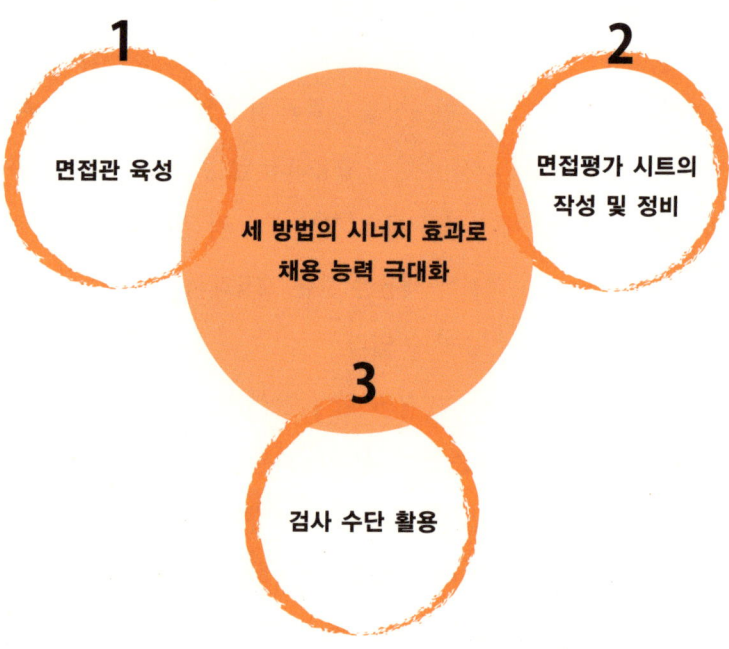

**제2장
포인트**

❶ 사원을 잘못 채용하면 엄청난 비용의 손실이 발생한다.

❷ 자사에 맞는 지원자를 전략적으로 채용한다.

❸ 전문적인 면접관 육성, 면접 평가 시트 정비, 검사 수단 활용(적성 검사나 능력 검사)을 바탕으로 채용에 나선다.

03 모집전략

지원자를 늘리기 위한 실천 노하우

중소기업이 채용 전쟁에서 이기기 위한 전략은 모집과 전형에 있다

이번 장에서는 중소기업이 채용 경쟁에서 이기기 위한 전략을 정리하려 한다. 인재 선택은 중요하다. 하지만 지원자인 '분모'가 크지 않으면 제대로 된 인재를 고를 가능성도 낮아진다. 그러므로 채용 활동에 나설 때에는 지원자가 늘어날 수 있는 방법을 반드시 마련해야 한다.

채용 활동에는 크게 모집과 전형이라는 두 가지 요소가 있다. '모집'은 지원자를 불러 모으는 과정을, '전형'은 모인 지원자 가운데서 회사에 맞는 인재를 선발하는 과정을 뜻한다.

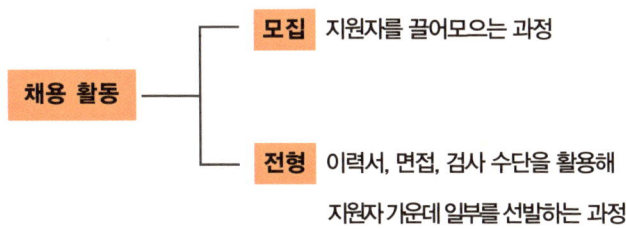

물고기가 없는 곳에서 물고기를 낚을 수 없다

 모집은 모집 대상과 모집 지역으로 나뉜다. 따라서 모집 전략은 모집 대상과 모집 지역을 정하는 데서부터 시작한다. 하지만 무턱대고 모집 대상이나 모집 지역을 넓힌다고 해서 지원자가 많이 모이지는 않는다.

 채용을 낚시에 비유해 보자. 낚시를 할 때 적절한 미끼로 물고기를 유인하는 것이 중요하듯, 채용을 할 때도 좋은 채용 조건으로 지원자를 유인하는 것이 중요하다. 하지만 미끼를 노릴 물고기가 없는 곳이라면 부질없는 일이다. 물고기를 잡고 싶다면, 잡고 싶은 물고기가 있는 장소를 골라 미끼를 뿌려야 한다. 채용도 마찬가지다. 인재를 채용하기 위해서는, 인재가 모일만 한 곳에서 채용 활동을 해야 한다. 그동안 어떤 미끼가 좋을지 연구하느라 시간만 허비하지는 않았는가?

 졸업 예정자라는 채용 연못에서 물고기가 잡히지 않는다면, 경력직이라는 다른 채용 연못으로 이동해 보자. '우리는 젊고 참신한 인재를 채용하고 싶다.'며 모집 대상을 한정해서는 상황이 나아지지 않는다.

 졸업 예정자 채용 시 '기졸업자 및 30세 이상 지원자도 응시 가능'처럼 지원자의 연령 폭을 넓히는 방법도 좋다. 해외에서 유학하거나 공인 회계사, 세무사 등의 국가시험을 준비하느라 구직 활동을 하지 않은 인재들은 졸업 예정자를 대상으로 한 채용에서 누락될 수밖에 없다. 따라서 이런 사람들도 응시할 수 있도록 채용 조건을 조정해야 한다.

취업 재수생을 공략하는 방법도 있다. 이전 직장을 그만둔 이유에 따라 다르겠지만, 기존 업무에서 벗어나 새로운 회사에 지원한 취업 재수생들은 막 대학을 졸업한 학생들보다 많은 사회 경험을 쌓아온 만큼, 준비 기간 없이 곧바로 회사에 도움을 줄지 모른다.

모집 지역도 확대해 보자. 모집 지역을 출퇴근이 가능한 범위로 한정하지 말고, 더욱 넓혀 보자. 예를 들어 오사카에 있는 기업이라면 도쿄에서도 모집하는 것이다. 의외로 고향이나 출신 지역 가까이에 취직하고 싶어 하는 수요가 있다. 때로는 멀리 떨어진 곳이지만, 회사가 있는 지역에 살면서 일해 보고 싶어 하는 지원자도 있다.

높은 연봉으로 인재를 낚는 방법은 마약과 같다

"어떻게 하면 지원자를 늘릴 수 있을까요?"라고 질문하면 채용 담당자들은 대부분 "급여 수준을 높이면 지원자가 늘겠죠."라고 대답한다. 상여금을 늘린다든지 복리 후생 수준을 높인다든지 지원율을 높일 만한 여러 방법을 떠올릴 수 있겠지만, 그중 가장 좋지 않은 방법은 바로 급여 인상이다.

지원자에게 높은 급여는 분명 큰 매력으로 느껴진다. 일하는 사람이 생활하기 위해서는 급여가 필요하고, 급여는 당연히 많을수록 좋다. 하지만 실제로 급여를 올려 지원자를 채용하기 시작하면, 마치 마약처럼 급여 인상을 멈출 수 없게 된다.

급여를 올릴 수 있는 동안은 아무런 문제가 없다. 하지만 더는 급여를 올릴 수 없는 상황이 된다면 어떻게 할 것인가? 급여를 높이기는 간단하지만 낮추기는 쉽지 않다. 급여 인하의 어려움을 감안한다면 급여 인상은 현명한 방법이라고 할 수 없다.

급여를 바라보는 관점에 관한 흥미로운 이야기가 있다. 바로 미국의 임상심리학자인 프레드릭 허즈버그Frederick Herzberg가 제창한 '2요인 이론'이다. 허즈버그에 따르면 2요인 이론에는 두 가지 요인이 있다.

동기 요인 만족을 불러일으키는 요인

위생 요인 불만족을 불러일으키는 요인

  2요인 이론에서는 일에서 만족을 얻는 동기 요인으로 성취감, 동료들의 인정, 일의 보람, 책임감, 승진 기회 등을 든다. 불만을 느끼는 위생 요인으로는 노동 환경, 급여, 인간관계 등을 꼽는다. 허즈버그는 이 두 가지 요인, 동기 요인(만족 요인)과 위생 요인(불만족 요인)이 전혀 다르다고 주장한다.

  2요인 이론은 특정 요인의 충족 여부에 따라 만족과 불만족이 결정되는 것이 아니라, 만족을 주는 요인과 불만족을 주는 요인이 전혀 별개라는 사고방식에 입각한다. 즉, 급여를 올리면 불만은 사라져도 만족감을 주지 못하고, 성취나 인정 욕구가 좌절되면 만족감을 얻지 못해도 불만이 생기지 않는다는 것이다.

  2요인 이론을 바탕으로 생각해 보면, 위생 요인인 급여를 올린다 해도 지원자에게 동기를 부여할 수 없다. 따라서 급여 인상보다 동기 요인으로 언급된 성취감, 동료들의 인정, 일의 보람, 책임감, 승진 기회 등을 의식하게 만들어 '일을 해 보고 싶다.' '보람을 느낄 것 같다.' '일을 통해 성장할 수 있다.'라고 생각하게 만드는 편이 지원자를 효과적으로 모집하는 방법이라고 할 수 있다.

  급여 수준으로 기존 사원들의 사기를 높이는 것은 어떨까? 급여가 올라가면 일하는 사람은 두 팔 벌려 환영하겠지만, 반대로 급여가 줄어들면 반드시 불만을 품기 마련이다. 게다가 한 번 올린 급여를 다시 내리기란 불가능에 가깝다.

　근로자의 노동 조건을 열악하게 만드는 행위는 취업 규칙을 근로자에게 불리하게 만드는 불이익 변경에 해당한다. 기본급 등의 급여를 내렸다가 사원들이 불이익 변경이라고 주장한다면 회사 측은 불리한 입장에 놓이게 된다. 소송이 일어날 가능성도 배제할 수 없다. 위험은 피하는 편이 좋다.

　반면, 상여금은 기본급과 달리 금액의 인상 및 인하가 비교적 자유로운 편이다. 따라서 급여 인상을 메리트로 삼고 싶다면 기본급이 아닌 상여금으로 실시하는 방법을 권장한다.

　조기 이직 방지를 위해 위생 요인으로 접근하는 방법도 효과적이다. 급여가 인상되지 않으면 사원들이 불만을 품고 전직할 우려가 있다. 그러니 지원자를 새로 모집하려는 경우에는 동기 요인을, 내정자의 퇴사를 막기 위한 경우에는 위생 요인을 주로 고려하여 목적에 따라 적절한 방법을 취해야 한다.

▼ 만족 및 불만족 요인은 별개다

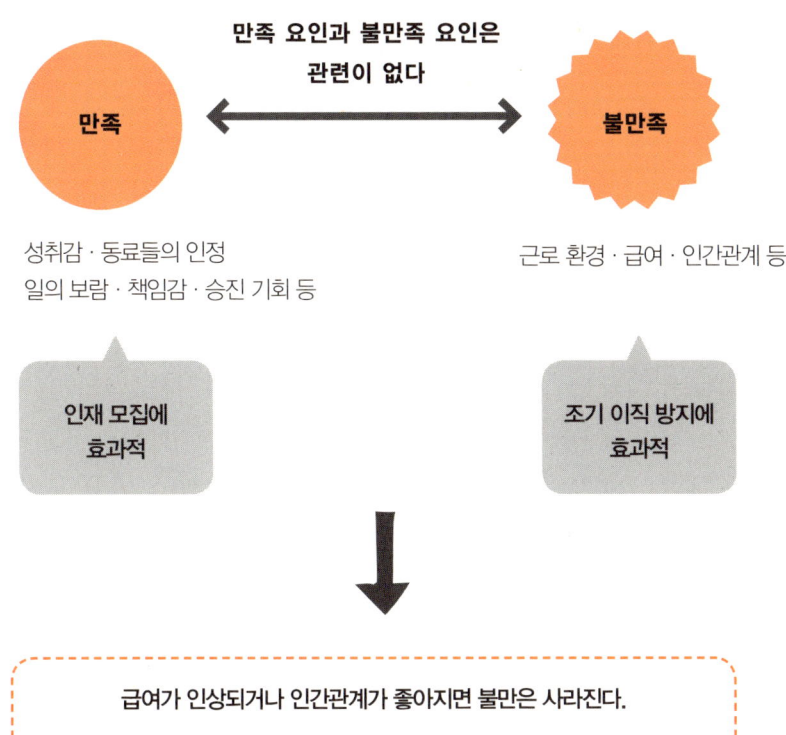

모집 경로를 정해 중점적으로 공략한다

앞서 모집 대상과 모집 지역, 모집 조건을 정해 보았다. 만약 채용 정보를 공고한다고 할 때, 구체적으로 어디에 모집 광고를 내면 좋을까? 이때는 회사가 원하는 인재는 어디에 있을지, 지원자가 어떤 매체를 보고 구직 활동을 할지 등을 검토하여 모집 경로를 결정하는 편이 좋다. 보편적인 모집 경로는 다음과 같다.

소개
사원, 거래처 또는 지인으로부터 지원자를 소개받는다.

학교
구인 고등학교나 대학교, 전문학교에 채용 공고를 내 지원자를 모집한다. 학교와의 관계 구축이 핵심이라고 할 수 있다.

채용 광고
구직 정보 사이트나 구인 잡지 등에 광고를 낸다. 지원자를 다수 모집할 때 효과적이다.

인재 파견 회사
갑작스러운 인재 부족이나 일시적인 인원 보충 시 효과적이다.

인재 추천 업체
헤드헌팅 업체 등에서 인재를 추천받는다.

채용 설명회, 합동 채용 박람회
취업 준비생들에게 직접 회사를 소개한다.

채용 공고 시 업무 내용은 구체적인 이미지가 떠오를 수 있도록 상세히 작성한다. 고객 수나 취급 상품, 서비스 규모, 수량 등을 적으면 좋다. 더불어 고객 특성도 함께 게재하면 어떤 업무를 하는지 연상하기 쉬워진다. 어떤 점에서 일의 보람을 느낄 수 있는 업무인지도 확실히 전달한다.

채용 조건의 특이 사항란에는 우대 조건을 명확히 기재한다. '방문 요양 센터에서 1년 이상 돌보미 직원으로 근무한 경력이 있는 지원자는 연봉 우대'처럼 구체적인 내용을 적는다. 비고란에는 회사 분위기나 교육 연수 체제, 복리 후생 제도, 향후 전망 등에 관해 기입한다. "밝고 소통이 잘되는 분위기의 회사로, 베테랑 사원이 하나부터 열까지 꼼꼼히 지도합니다." 등의 구체적인 문구를 넣어 주는 것도 좋다.

학교 구인의 경우 학교 측에 인사를 가는 일부터 시작한다. 교내 채용 설명회 개최를 학교 측에 부탁해 두면, 학교에서 주최하는 합동 채용 설명회에 초대받을 수 있다.

이외에 게재 수수료가 단점이긴 하지만 '구직 정보 사이트' 역시 많은 취업 준비생이 이용하므로 인재를 폭넓게 모집하는 데 효과적이다.

구직 정보 사이트에는 다음과 같은 정보를 올린다.

- 고용 형태, 계약 기간
- 급여
- 근무지
- 지원 자격
- 근무 시간
- 휴일, 휴가
- 처우, 복리 후생
- 사원 사진, 사내 분위기를 알 수 있는 사진
- 추구하는 인재상
- 대표 또는 현장 책임자의 메시지

구직 정보 사이트의 경우, 인터넷상에 구인 정보를 공개하기 때문에 지원자가 많이 모이는 반면, 서류 전형이나 면접에 시간과 일손이 많이 드는 단점이 있다. 또한, 원하는 인재상을 확실히 정하지 못한 채 광고를 내면 지원자의 반응이 미적지근할 수 있다.

무료로 참가할 수 있는 합동 채용 박람회에 참가한다

　인터넷을 이용한 구직 활동이 활발하다 보니 취업 준비생들이 현장에서 일하는 사원들의 경험을 듣지 못한 채 취직하는 경우가 부지기수다. 현장에 대한 이해 부족으로 인한 미스매치를 방지하기 위해, 취업 준비생이 기업과 접촉할 수 있는 다양한 활동이 요즘 늘고 있다.

　취업 준비생과 접촉할 만한 대표적인 활동으로는 채용 박람회를 들 수 있다. 합동 채용 박람회에는 많은 취업 준비생들이 모인다. 채용 박람회는 관청이나 지방 자치 단체, 경제 단체 등이 주최하므로 비용이 적게 드는 데다 개최 정보도 인터넷을 통해 알아볼 수 있으니 꼭 활용하기 바란다.

　회사를 알린다는 의미에서 채용 활동은 영업과 비슷하다. 합동 채용 박람회는 지명도가 낮은 중소기업이나, 법인과 주로 거래하느라 소비자와 접점이 없는 기업에게는 자사를 널리 알릴 수 있는 절호의 기회다. 취업 준비생을 채용하지 못한다 하더라도, 미래에 우수 고객이 될 가능성이 있기 때문에 긴 안목으로 볼 때 채용 박람회 참가는 비용 대비 효과가 크다.

　합동 채용 박람회 참가에는 한 가지 메리트가 더 있다. 바로 다른 회사의 움직임을 알 수 있다는 점이다. 예를 들어 박람회장 부스를 만드는 방법이나 모니터를 활용한 프레젠테이션 등 같은 업종의 다른 회사들은 어떤 방법으로 지원자를 모집하는지 직접 살펴볼 수 있다. 합동 채용 박람회 참가 기업끼리 정보를 교환하거나, 타사 팸플릿을 입수하여 참고해 보자. 다른 회사와 교류하다 보면 채용을 위한 여러 아이디어가 떠오를지도 모른다.

　채용을 조언하는 회사들로부터 "저희와 규모나 직무가 비슷한 회사들은 채용 활동을 어떻게 합니까?" 같은 질문을 받는다. 이처럼 타사의 채용 활동을 궁금해하는 채용 담당자 입장에서는 채용 노하우를 배울 수 있는 합동 채용 박람회 현장은 큰 수확을 얻을 수 있는 곳이다. 합동 채용 박람회는 한 번이라도 참가하면 향후 개최 정보 등을 안내받을 수 있으므로, 꼭 참가해 보자.

　단, 실제로 박람회가 열리는 시기에 관해서는 주의할 점이 있다. 채용 시즌이 지난 뒤에 열리는 박람회의 경우 이미 취업 내정 통보를 받은 학생들은 참여하지 않게 된다. 업계에 따라 채용 스케줄은 약간씩 다르지만, 원하는 인재를 진심으로 찾고 싶다면 채용 시즌이 시작하기 전부터 채용 박람회에 참가하는 편이 좋다.

대기업의 채용 시즌을 피해 채용에 나선다

중소기업의 경우 대기업들의 모집 시기를 파악하여 움직이는 것이 지원자를 모으는 데 효과적이다. 즉, 대기업과의 정면 승부를 피하는 것이다. 예를 들어 대기업의 채용 시기 전에 면접을 실시하거나, 대기업의 채용이 어느 정도 마무리된 후 면접에 나타나지 않은 지원자나 박람회 미참가자에게 연락해 볼 수 있다.

물론 한 번 불참한 지원자이기 때문에 자사에 별로 관심이 없는 사람일지 모른다. 하지만 해당 지원자가 대기업 채용에 실패하여 의기소침해 있을 가능성도 있다. 그럴 때 전화를 걸어 "채용 시험 잘 되고 있나요? 아직 회사가 결정되지 않았다면 저희 회사 면접 한 번 보지 않겠습니까?"라고 이야기한다면 지원자는 '이 회사에서는 나를 신경 써 주네.'라며 자사에 대해 좋은 인상을 가지게 될 수 있다.

지원 장벽을 낮추는 방법도 효과적이다. 중소기업의 경우 일일이 작성하기 귀찮은 입사 지원서를 최대한 간단히 만들거나 과감히 없애 버린다면 지원하기 쉬워져 지원자들의 심리적 부담이나 수고가 줄어든다.

지원서만으로 지원자를 추려 내야 할 만큼 지원서가 많은 경우가 아니라면, 지원서에 연연할 필요는 없다. 장황한 지원 동기가 없어도 좋다. 지원자의 역량이나 의욕은 면접에서 충분히 확인할 수 있다.

구직 사이트를 이용하더라도
회사 홈페이지를 만들어 둔다

 최근에는 인터넷 구직 사이트에서 기업에 대해 알아보는 것은 물론 지원까지 하는 구직 스타일이 정착되고 있다.

 구직 사이트를 이용하는 경우에도 자사 사이트는 꼭 필요하다. 관심이 많은 취업 준비생들은 더 많은 정보를 찾아 사이트에 연결된 링크를 타거나, 지원하고 싶은 회사 홈페이지에 들어가 정보를 체크한다. 이때 정보가 자세하게 나와 있지 않으면, 지원자는 해당 회사를 잘 알지 못한다는 생각에 불안해져 지원할 마음이 사라져 버린다. 지원자가 회사를 알고 싶어 하는 귀한 기회를 날려서는 안 된다.

 또, 게재료를 지불하고 광고하는 구직 사이트에 공고를 올릴 경우 게재된 데이터는 언젠가 삭제되고 만다. 하지만 회사 홈페이지에 채용 정보를 올리면 데이터가 삭제되지 않는 데다, 기존 채용 정보를 자유롭게 편집하여 여러 번 갱신할 수도 있다.

 최근에는 트위터나 페이스북, 유튜브를 활용하여 채용 활동을 전개하는 회사도 늘고 있다. 젊은이들에게는 언제든지 인터넷으로 정보를 볼 수 있는 '접근이 용이한' 회사가 반응이 좋다. 신제품 발표나 행사 상황 등을 사진 및 동영상으로 실시간 제공하고, 특별한 소식이 없을 때는 취업 활동에 한정하여 내정자와의 Q&A 및 간담회의 모습 등을 게재하자. 온라인상의 정보 게재는 지원자들의 부모에게 회사를 알리는 데도 효과가 있다.

접촉하는 횟수가 많으면 많을수록 상대방에게 호감을 느낀다는 자이언스의 단순 노출 효과(Robert Zajonc, Mere Exposure Effect)도 있으니 젊은 사원을 채용하고자 하는 회사들은 꼭 도전해 보길 바란다.

홈페이지에는 반드시 채용 안내란을 만든다

자사 홈페이지가 있는데도, 채용 콘텐츠란이 없다면 당장 만들도록 하자. 겉만 번지르르해선 지원자들의 호감으로 이어지지 못하니, 채용 정보를 명확하고 자세하게 게재해야 한다.

구체적으로 어떤 내용을 채용 정보로 올리면 좋을까? 정답은 근무 체제나 업무 내용, 급여 및 상여, 복리 후생 등 기본적으로 지원자가 궁금해할 만한 정보다. 지원자가 가장 알고 싶어 하는 점은 급여가 얼마인지, 어떤 직장인지, 무슨 일을 하는지 세 가지다. 이 중 하나라도 빠져 있거나 머릿속에 제대로 그려지지 않는다면 지원율은 뚝 떨어진다. 정보를 알기 쉽게 정리하여, 채용 안내 페이지만 보고도 알고 싶은 내용을 모두 확인할 수 있게 만들어 두자.

최근에는 스마트폰으로 홈페이지에 접속하는 지원자도 있으므로 모바일에 최적화된 사이트를 만드는 것도 중요하다. 채용 정보에 대표의 말, 사원 메시지, 고객의 목소리, 조직도와 같은 내용을 포함시킨다면 금상첨화다. 자사 홈페이지에 기업 이념이나 회사 분위기, 추구하는 인재상을 확실히 게재해야 자사에 공감하고 높은 의욕을 지닌 지원자들이 모인다.

사원 사진과 사원의 말을 함께 올리면 홈페이지에 게재된 기존 사원의 의욕 및 책임감 또한 높아진다. 홈페이지에 사진이 게재된 사원이 면접관으로 등장했을 때 지원자는 "홈페이지에서 봤던 사원이네!" 하며 친밀감을 느끼게 된다.

▼ 채용 정보에 담을 만한 내용

대표의 말

기업 이념, 자사의 강점, 향후 전망 및 과제에 관해 대표의 사진이 들어간 메시지를 게재하면 건강한 회사라는 인상을 심어 줄 수 있다.

사원의 말

직종별로 하루 업무 내용, 일의 보람, 성장할 수 있는 점, 실패담, 고생담 등을 사진과 함께 소개한다. 활기차게 일하는 사원의 목소리를 통해 입사 후의 이미지를 구체적으로 전달한다.

고객의 목소리

고객의 감사의 목소리는 일할 때 큰 동기 부여가 된다.

조직도

어느 곳에 배치되고, 어떤 일을 하는 부서인지 한눈에 알 수 있도록 만든다.

소재 지역의 대학에 방문하여 협력을 요청한다

어느 회사나 채용에 드는 비용을 줄이고 싶어 한다. 지금까지 소개한 구직 정보 사이트나 합동 채용 박람회 외에 학교 구인이라는 채용 방법도 있다. 학교 구인 활동은 직접 대학에 찾아가 협력을 구하는 것으로, 교통비 이외의 비용은 일체 들지 않는다.

각 대학에는 학생의 취업 활동을 지원하는 커리어 센터나 취업 지원 센터 같은 창구가 마련되어 있다. 그러므로 교내 기업 설명회 등을 실시할 때 참가 의사를 학교 측에 전달해 보자. 특히, 지방 소재 대학의 경우 기업의 방문을 흔쾌히 받아 주는 경향이 있다. 일부러 학교까지 찾아와 준 데 감사하며 적극적으로 협력해 주니 한 번쯤 상담을 받아 보아도 좋겠다.

방문 시기는 자사의 채용 활동이 시작되기 전이 좋다. 이때 회사 안내, 모집 요강, 해당 학교를 졸업한 자사 사원 명부 등을 지참하여 회사의 사업 내용이나 추구하는 인재상을 전달한다. 방문 뒤로도 취업 지원 담당자에게 감사장을 보내, 지속적으로 정보를 얻을 수 있는 연결 고리를 만들어 두는 것 또한 잊어서는 안 된다. 적극적으로 움직이면 간담회나 심포지엄 등에 관한 안내를 받을 수 있는 기회도 늘어나게 된다.

학교 방문은 원하는 인재상에 적합한 대학이나 학부로 범위를 좁

혀 방문하기 때문에, 그만큼 효율적으로 지원자를 모을 수 있다. 이과 계열 학생의 경우 교수 추천도 있으므로 커리어 센터와 연결 고리를 만들어 두면 교수에게 직접 부탁하기도 쉬워진다. 학교 내 채용 설명회에 참가하는 경우에는 방문하는 대학이나 학부의 특징을 고려한 내용으로 실시해야 한다.

합동 채용 박람회도 그렇지만, 취업 시즌이 되면 채용 관련 행사가 많이 개최된다. 행사 개최 정보는 인터넷으로 쉽게 얻을 수 있다. 적극적으로 참가하여 '원하는 인재'를 확보하기 위해 움직여 보자.

졸업 예정자 채용은 1년에서 2년 주기로 실시되며, 채용 흐름은 다음과 같다.

**중기 경영 계획 책정 → 채용 인원 결정 → 채용 전략 수립
→ 모집 및 전형 → 내정 및 입사**

채용을 실시하지 않는 채용 준비 기간에는 원하는 인재상을 명확히 하고 채용 정보 등을 작성한다. 모집 단계에 들어서면 대학의 커리어 센터를 방문하여, 학교 내 채용 설명회 참가를 요청하거나 교수 및 학생 소개를 부탁한다. 동시에 합동 채용 박람회나 채용 관련 행사에 참가하여 인맥을 만들고, 모집을 도와줄 관계망을 형성해 나간다.

▼ 졸업 예정자 채용 흐름

중기 경영 전략 책정 ◁ 채용 전략은 곧 성장 전략이다

↓

채용 인원 결정 ◁ 인원수를 맞추기 위해 채용하기보다 계획적으로 채용해야 한다

↓

채용 전략 수립 ◁ 모집 대상을 넓히는 등 다양한 시점으로 계획한다

↓

모집 및 전형 ◁ 회사 전체의 문제로 간주하고 채용을 실시한다

↓

내정 및 입사

전형 기준이 곧 성장 전략이다

앞서 '모집'에 대해 살펴봤으니, 이번에는 '전형'에 대해 알아보자. 전형 활동에는 '전형 기준'과 '전형 방법'의 두 가지 채용 포인트가 있다.

우선 '전형 기준'은 지원자를 거르거나 면접에서 평가할 때 판단 기준이 된다. 채용에 성공하려면 전형 기준 정비, 곧 '자사가 추구하는 인재상의 명확화'가 중요하다. 원하는 인재를 구체적으로 설명할 수 있게 만들어 두어야 채용 면접에서 면접관의 주관적인 평가를 방지할 수 있고 회사에서 활약할 수 있는 인재를 찾기도 쉬워진다.

인재상의 명확화는 간단해 보이지만 사실 어려운 일이다. "긍정적인 인재를 채용하고 싶다."는 한 문장만으로는 인재상을 명확히 할 수 없다. 사람마다 '긍정적'이라는 말을 다르게 받아들이기 때문이다.

이럴 때는 어떤 사람이 자사에서 긍정적인지 실제 행동에 비추어 생각해 보자. "업무 시작 30분 전에 출근한다." "큰 목소리로 인사한다." "스스로 일을 찾아서 한다." 등 구체적인 행동을 떠올리다 보면 자사가 추구하는 긍정적인 인재의 이미지가 보다 확실해질 것이다.

'적극적이고 협조적이며 성실한 인재'처럼 어느 회사나 원하는 인재상은 비슷하다. 하지만 기본적인 인재 특성이 비슷하더라도, 회사의 분위기나 이념 같은 독자적인 색채에 따라 구체적인 인재상은 다를 수밖에 없다. 그러니 자사에 꼭 맞는 인재상을 반드시 구체화시켜 두자.

대표가 주도하는 채용은 미스매치로 이어진다

중소기업은 대표 주도로 채용을 결정하는 일이 많다. 하지만 대표 주도의 채용은 입사 후의 미스매치를 초래하는 원인이 된다. 설명회에는 대표가 등장하는 편이 좋지만, 채용 여부에 대표가 크게 관여하는 행위는 권장할 수 없다. 물론 앞서 경영권에 채용권이 포함되어 있다고 언급한 바 있다. 하나 대표가 채용권을 가진다고 해서, 채용에 있어 대표의 결정이 주가 되어선 안 된다.

기업에서 대표의 의견은 절대적일지 모른다. 하지만 신입 사원과 함께 일하는 사람은 대표가 아닌 현장 스태프들이다. 다음 소개하는 기술, 느낌, 사회성 세 가지 관점에서 현장의 목소리에 귀 기울이면 현장이 어떤 인재를 원하는지 이해할 수 있다.

기술

현장에서 필요한 기술이 무엇인지 알고 싶을 때는 현장 스태프에게 조언을 구한다. 가능하면 '○○을 할 수 있는 사람' '○○ 능력이 있는 사람' 등과 같이 구체적인 이미지로 나타낸다. 필요한 기술을 떠올릴 수 없을 때는 '○○을 못하는 사람' 등의 소거법으로 채용해선 안 될 인재를 제외해도 좋다.

느낌

함께 일하고 싶은 사람 또는 일하고 싶지 않은 사람의 유형에 귀 기울인다. "약속을 잘 지키는 사람이 좋다." "조심성 있는 사람이 좋다." "상대방의 눈을 보고 이야기하지 않는 사람은 힘들다." "신경질적인 사람은 싫다." 등 현장의 목소리를 수렴해 채용 기준을 정리해 나간다.

사회성

지원자의 사회성이나 일에 대한 의욕 등을 통해 인재상을 구체화한다. 예를 들어 적극성, 협조성, 책임감, 성취 의지, 도전 의식, 근로 의욕 등의 면에서 어떠한 인재가 현장에 적합한지 하나하나 구체적인 행동으로 반영시켜 확인해 나간다.

작업에 다소 시간과 공이 들겠지만, 현장의 목소리를 채용 기준으로 삼으면 대표가 주도하는 채용에 비해 미스매치의 확률은 현저히 줄어든다. 체크 리스트를 만들어 지원자와 비교하며 원하는 인재상에 가장 가까운 사람을 찾아내도록 하자.

모집 부서의 현상 사원도 가능하면 면접에 참여시킨다. 채용 활동이 회사 전체 차원의 가장 중요한 과제라는 사실을 주지시키자. 현장 사원이 직접 면접관이 되면 일의 보람이나 요구되는 업무 능력, 자사의 강점 등을 지원자에게 효과적으로 전달할 수도 있다.

나아가 책임감을 가지고 면접에 참여하다 보면 실제로 신입 사원을 뽑아 함께 일할 때 어떤 업무를 맡겨야 할지 미리 가늠해 볼 수 있다. 또, 객관적인 시점에서 자기가 속한 부서나 업무 내용을 되돌아봄으로써 일에 대한 이해가 깊어져 사원 스스로 성장할 수 있는 기회로도 삼을 수 있다.

회사 분위기와 어울리는 인재인지 확인한다

다른 회사에서 멋지게 활약하던 사람이 새로운 분위기의 회사에서도 활약하리라고는 확신할 수 없다. 가령 같은 업종 및 직종이라도 조직 풍토나 업무 진행 방식 등에 따라 타사에서 우수하다는 평가를 받는 사람과 자사에서 우수하다는 평가를 받는 사람의 인재상이 일치하지 않는 경우도 많다. 현장에 따라 우수함의 정의도 바뀐다. 이것이 회사를 옮겼을 때 제대로 활약하는 사람이 있는가 하면 그렇지 않은 사람도 있는 이유다.

채용 실패는 기업과 인재 모두에게 유감스러운 일이다. 자사가 추구하는 인재상을 명확히 하면 지원자도 이해하기 쉽다. 그 결과 미스매치가 줄어들어 인재 정착으로도 이어진다. 당연한 이야기겠지만, 채용 시 회사 분위기에 맞는 사람을 뽑는 것이 가장 이상적이다. 여기서 또 하나의 채용 포인트인 '전형 방법'이 중요해진다.

대표적인 전형 방법은 적성 검사를 활용하는 것이다. 대기업마다 자체적으로 실시하는 적성검사를 중소기업에서 어떻게 실시할 수 있겠느냐고 물을지 모른다. 하지만 여러 대기업과 중견 및 중소기업에서 활용하는 적성검사 KOAP도 있다. KOAP는 2015년부터 실시된 '한국직무능력인증시험'으로, 매년 2회 실시하며 2월과 7월에 시험 접수를 받는다.

정기적인 적성 검사가 부담스럽다면, 고용노동부 산하 '워크넷(www.work.go.kr)'에서 제공하는 성인용 직업 적성 검사, 구직 준비도 검사, 직업 가치관 검사, 영업 직무 기본 역량 검사, IT 직무 기본 역량 검사 등을 채용 전 간단히 실시해 볼 수도 있다.

적성 검사로 전형을 실시하면 같은 유형의 인재들만 모인 조직이 되어 버릴 우려가 있다고 말하는 사람도 있다. 물론 인재의 다양성에 역점을 두어야 하지만 이는 대기업 이야기다. 중소기업에는 회사 분위기에 맞는 인재 확보가 최우선이다. 그러므로 회사와 잘 맞는 인재 채용으로 경영 기반을 확실히 구축해야 한다. 실제로 적성 검사를 통한 인재 채용으로 회사가 빛을 발하는 경우도 많다.

제3장 포인트

❶ 채용 활동을 '모집'과 '전형'으로 나누어 생각한다.
❷ 모집을 늘리기 위해 급여로 지원자를 낚지 않는다.
❸ 대표가 주도하는 채용은 피한다.
❹ 회사 전체적인 차원에서 채용 활동을 실시한다.

04
면접 전략

취업 준비생의 마음을
휘어잡는 효과적인 기술

취업 준비생에 대한 정보는 막 입사한 사원에게 물어라

　채용 활동은 기업이 추구하는 인재상과 지원자가 잘 들어맞았을 때 비로소 성공한다. 이 장에서는 채용 성공률을 높이기 위한 전략을 취업 준비생의 시점에서 생각해 보려 한다.

　취업 준비생에 대한 정보는 같은 처지에 있는 취업 준비생에게 묻는 편이 가장 좋다. 입사 예정자나 막 입사한 사원에게 앙케트 조사를 실시하여 그 진심을 들어 보라. 필자가 운영하는 회사의 경우, 다음과 같은 질문을 하자 개선해야 할 점이 보이기 시작했다.

- 당사를 어떻게 알게 되었는가?
- 지원 시 가장 고민한 점은 무엇인가?
- 1차 면접과 2차 면접에서 면접관의 인상이 어떠했는가?
- 입사를 결정한 이유는 무엇인가?
- 다른 회사를 거절하면서까지 당사에 입사한 이유가 있다면 무엇인가?
- 당사 지원 시 타사에도 동시에 지원하고 있었는가?
- 지원 전에 알려 주었으면 했던 점은 무엇인가?

- 취업 활동 중에 불안했던 점이 있다면 무엇인가?
- 입사를 결정한 뒤에 불안했던 점은 무엇인가?

만약 지원 전 가장 고민했던 점으로 '빈번한 전근'을 꼽는다면, 지원자에게 전근처의 직장 환경이나 전근 경험이 있는 자사 사원의 코멘트, 다양한 지원 제도 등 전근에 관한 정보의 양을 늘려 지원자의 불안을 덜 수 있다.

타사에 비해 '경력 향상'에 관한 정보가 적다는 응답이 있다면 모델이 될 만한 사원의 활약상을 소개하자. 지원자가 입사 후 미래를 연상하기 쉬워진다.

앙케트 응답에 "면접관의 눈매가 무서웠다." 등 면접관의 인상에 관한 내용이 있다면, 면접 시 표정에 신경 쓰며 지원자를 대하는 등 위압감이나 불안감을 주지 않을 만한 방법을 연구하면 된다.

이처럼 지원자의 시점에서는 볼 수 있지만, 회사 측이 미처 깨닫지 못하는 애로 사항이 많다. 개선점을 찾아내어 채용 활동의 수준을 끌어올려 보자.

채용 설명회에서는 대표가 직접 단상에 오른다

　채용 설명회는 취업 준비생과 처음으로 만나는 자리다. 무슨 일이든 처음이 가장 중요하다. 지원자에게 좋은 인상을 심어 줄 수 있도록 자사의 이미지를 확실히 전달해야 한다.

　채용 설명회를 성공시키는 데 꼭 필요한 한 가지가 있다. 바로 대표의 등장이다. 대표가 채용 설명회에 꼭 참가할 필요는 없다고 생각하기 쉬운데, 지원자의 시점에서 생각해 보라. 관심 있는 회사의 대표에게 직접 이야기를 들을 수 있을 때와 그렇지 않을 때의 파급력은 분명 다르다.

　오직 대표만이 경영자로서의 신념이나 장래 사업 계획에 대해 확신을 가지고 이야기할 수 있다. 특히 중소기업의 대표는 직접 모습을 드러내 이야기하는 편이 좋다. 중소기업의 매력은 대표의 매력 그 자체이기 때문이다.

　좋은 인재는 회사의 성장 동력이 된다. 채용에 들이는 시간은 장래에 대한 투자다. 대표에게 직접 질문할 수 있는 시간도 마련한다면 지원자의 궁금증이 해소되어 더욱 만족도가 높아질 것이다.

　단, 대표 연설 시 회사의 이력을 줄줄 나열하는 식의 소개는 삼가야 한다. 나열식 이력 소개는 듣는 이에게 아무런 느낌도 주지 못한다. 그럼 어떻게 해야 취업 준비생의 마음을 사로잡을 수 있을까?

사람들은 스토리에 매료된다. "우리 회사에는 드라마틱한 이야기가 없다."고 말할 수도 있다. 하지만 과연 그럴까? 어느 회사나 자사만의 스토리가 있다. 지원자는 해당 회사가 어떤 회사인지, 어떤 일을 해 왔는지, 앞으로 나아가고픈 방향이 무엇인지 알고 싶어 한다. 따라서 회사 소개 시 회사만의 스토리와 비전 등을 성실히 전달해 나가자.

참고로 필자의 회사인 e-인사의 연혁을 스토리로 정리해 보면 다음과 같다.

e-인사 주식회사는 사회 보험 노무사 사무소 '오피스 마키'라는 이름으로 좁은 아파트 한 칸에서 시작했습니다. '조직이나 개인에게 영향을 미쳐 기업 활성화를 돕는다.'라는 뜻을 세우고 인사 면에서 세심하게 지원 활동을 전개했습니다. 사업은 순조롭게 확장되어 사무소도 이전하였고, 당시의 사회 보험 노무사 사무소로서는 드물게 '고용을 통해 사회에 공헌하겠다.'는 목표를 삼게 되었습니다. 이후, 인사 컨설팅 사업에 특화하기 위해 해당 사업을 별도 법인으로 분리하여 회사 이름을 'e - 인사'로 변경한 뒤 오늘에 이르렀습니다.

저희 회사가 채용 활동 지원에 주력하기 시작한 이유는 대표인 저의 경험이 한몫했습니다. 저 또한 혹독한 취업 빙하기 시절을 겪었기 때문입니다. 취업을 준비하던 당시 면접 본 기업만 백여 군데에 달했습니다.

이후 저는 채용난이 기업의 노무 문제 중 하나라는 사실에 눈을 돌리게 되었고, 중소기업들의 상담에 응하면서 인재를 잘 뽑을 수 있는 채용 노하우를 체계화하여

'채용 활동 매뉴얼'을 개발하게 되었습니다.

'e – 인사'라는 자사 이름은 다음의 세 가지 'いい('좋다'는 뜻으로 '이이'라고 발음한다)'에서 탄생했습니다.

- 고용 미스매치 해소로 이어지는 '좋은' 인사 서비스를 제공한다.
- '인터넷'을 활용한 저렴한 비용의 차세대 인사 서비스를 제공한다.
- 고객, 거래처, 지역이나 사원들 모두에게 "좋다!"고 평가받을 수 있는 좋은 기업을 목표로 한다(이는 필자가 사는 지역 상인들의 마음가짐이기도 하다).

이상 세 가지 목표 실현이야말로 질 높은 인사 컨설팅 사업으로 이어진다고 생각합니다.

자사에 대한 이해를 높이기 위해 경영 이념이나 사내 풍토, 행동 기준에 관해서도 이야기해 보자. 자연스럽게 자사의 이념이나 가치관에 공감하는 인재가 모여 부모가 입사를 반대하더라도 설득할 수 있는 기회가 생긴다.

2차 면접에서는 일 잘하는 사원을 면접관으로 둔다

 면접은 회사와 지원자 모두에게 승부처다. 지원자는 잘 보이기 위해 힘을 쏟고 면접관은 상대방이 준비해 온 대답 이상의 정보, 즉 진심을 끌어내려 하기 때문이다.
 중소기업 면접의 경우, 손이 비는 사원이 면접관이 되는 경우가 많다. 하지만 이런 안이한 방법으로 면접관을 정하는 일은 삼가자. 3장에서도 언급했듯, 원하는 인재를 확보하기 위해서는 반드시 면접관으로서 기술을 갖춘 사원이 면접을 진행해야 한다.
 여러분은 어떤 사람이 면접관에 적합하다고 생각하는가? 말을 잘하는 사람? 또는 통찰력이 있는 사람? 여러 유형을 생각해 볼 수 있지만, 고르기 쉬우면서도 절대 실패하지 않는 유형은 회사 내에서 가장 우수하다고 평가받는 사람이다.
 면접관은 회사의 광고탑과도 같다. 면접관이 우수하면 취업 준비생들 사이에서 좋은 평판을 얻지만, 자칫 좋지 않은 인상을 보이기라도 하면 회사에 대한 악평이 이어진다. SNS를 통해 정보가 빠르게 퍼져나가는 요즘, 지원자가 '○○ 회사는 친절하게 내 말을 들어 주었다.' '면접관이 유능해 보였다.' 등의 느낌을 받는다면 회사는 자연스럽게 좋은 이미지를 가지게 된다.
 면접관에게 요구되는 자질은 뛰어난 언변이 아니다. 면접관에게는 이야기를 잘 들어주고, 칭찬을 잘하고, 대화를 이끌 수 있는 자질이 필요하다. 경우에 따라 언변이 좋은 사원을 면접관으로 두는 회사도 있다. 하지만 지원자 입장에서 보면, 이야기를 잘 들어주는 면접관에게 진심을 털어놓기 쉽기 때문에 면접도 성공리에 마칠 가능성이 크다.

그런 의미에서 실적이 좋은 영업 사원도 면접관으로 적임이다. 영업 사원은 대화 능력이 뛰어나다. 이야기를 들어주면서 지원자의 진심을 끌어내는 한편 능수능란한 화법으로 자사의 매력을 어필해 나간다. 영업 사원들은 인상이 좋고 다른 사람에게 호감을 살 수 있는 기술도 겸비하고 있다. 지원자도 방어벽을 낮추고 자연스럽게 속내를 터놓게 된다. 때로는 "이 사람과 같이 일해 보고 싶다." "나도 이 사람처럼 일 잘하는 사람이 되고 싶다." 등 면접관을 동경의 대상으로 삼을 수도 있다. 필자가 경험한 바도 다르지 않다. 영업 사원을 면접관으로 삼으면 대체로 입사 포기 비율이 낮다. 앞서 언급한 영업 사원의 장점과 관련이 있어 보인다.

업무 특성상 주로 회사 밖에서 시간을 보내는 영업직 사원에게 1차 면접 때부터 시간을 내 달라고 하기는 어렵다. 따라서 지원자를 어느 정도 추려 낸 2차 면접부터 면접관 자리를 맡아 달라고 부탁해 보자. 면접관을 부탁할 사원의 스케줄과 채용 일정을 꼼꼼히 확인한 뒤, 면접에 대한 구체적인 정보를 공유하기 바란다.

반드시 쓰인다! 면접 준비 매뉴얼

채용 면접은 확실한 준비가 필요하다. 대충 얼굴만 확인하면 된다는 사고방식으로는 좋은 결과를 기대할 수 없다. 무성의하게 면접을 치를 경우, 회사에 대한 면접자들의 인상도 최악으로 치달을 수 있다.

면접을 부탁하고 싶은 사원이라도 "○일 오후에 시간 있어? 면접에 좀 참여해 줘!" "신경 쓰이는 점에 대해 몇 가지 질문만 하면 돼." "딱히 질문은 정해져 있지 않아. 일할 마음이 있는지 없는지만 적당히 확인해 줘." 등 갑자기 면접관을 맡아 달라고 하는 행동은 절대 금물이다. 이는 면접관 의뢰를 받은 사원에게도 민폐지만 제대로 준비되지 않은 면접으로 인해 면접자가 회사에 대해 나쁜 인상을 가지게 할 수 있다.

채용이란 회사가 성장해 나가는 데 필요한 '투자'다. 채용에 실패한다는 것은 수억 원에 달하는 프로젝트에 실패하는 것과 같다. 면접이 가지는 기회 비용을 염두에 두고, 다음 항목들을 따라 면접 일정을 계획해 보자.

1. 면접관 결정
2. 면접 일정 결정과 장소 확보
3. 서류 준비(지원자 리스트, 이력서, 경력 기술서, 면접 시트)
4. 면접장 설치
5. 채용 일정 사내 공지

　면접관 선정 시 1차 면접에서는 현장의 젊은 사원 및 중견 사원을, 2차 면접에서는 현장 책임자급 또는 과장 및 부장을, 최종 면접에서는 임원이나 대표를 면접관으로 정한다. 전형이 2차 면접만으로 끝나는 경우에는 1차 면접, 2차 면접 모두 대표가 면접에 참석해도 좋다. 면접관으로는 자사에 대해 잘 알고 회사와 업무의 매력을 알릴 수 있는 사원을 선정한다. 단, 3장에서 언급했듯 대표가 채용에 너무 깊게 관여하면 인재 미스매치가 일어날 위험이 있다는 점에 유의하기 바란다.

　면접의 성공률을 높이기 위해서는 면접관이 적어도 두 사람은 필요하다. 한 사람이 질문하면 다른 한 사람은 듣고 기록하는 역할을 담당한다. 여러 사람이 면접관으로 참여하면, 지원자에게 실례되는 질문을 했더라도 다른 면접관이 상황을 정리하고 면접을 순조롭게 진행해 나갈 수 있다. 면접관과 지원자의 비율이 3대 1이 되면 지원자가 압박감을 느낄 수 있으므로, 면접관의 수는 '지원자+1'로 정하는 편이 좋다.

2 대 1로 면접을 진행하는 경우, 면접관 한 명이 지원자와 마주 앉는 것보다는 지원자를 정점으로 면접관 두 명이 삼각형을 만들어 앉는 편이 낫다. 이런 자리 배치에서는 지원자의 방어벽이 내려가 긴장감이 줄어든 상태에서 면접을 진행할 수 있기 때문이다.

면접장은 지원자와 면접관의 거리가 2m가량 확보되는 넓은 곳으로 준비한다. 집단 면접의 경우 지원자 간 의자 간격은 20cm 정도가 가장 좋다. 지원자가 짐을 놓을 수 있는 선반이나 테이블도 설치하자. 면접에 참여하는 지원자 수에 맞게 대기실을 마련하고 차를 내놓는 등의 배려도 잊지 말자.

면접을 실시하는 날짜와 장소가 결정되면 사내에 공지한다. 사원들도 자연스럽게 면접일을 인지하게 되고, 면접 당일 헤매는 지원자를 면접장까지 안내하거나 불쑥 인사를 건네는 지원자들에게도 친절하게 대응할 수 있다. 지원자 수가 많은 경우에는 면접장 위치를 알리는 안내문 등을 붙이면 지원자가 찾아오기 쉽다. 면접을 앞둔 지원자들은 긴장한 상태로 면접장을 찾는다. 지원자들의 불안을 조금이라도 풀어줄 수 있도록 면접 환경을 세심하게 신경 쓰자.

질문할 항목은 미리 준비한다

면접 때 어떤 질문을 하느냐는 기본적으로 면접관의 자유다. 하지만 채용과 관련 없는 질문이나 흥미 위주의 질문이 아닌, 자사에 맞는 인물인지를 파악할 수 있는 질문을 우선으로 두어야 한다.

면접에 익숙하지 않은 사람은 "어떤 질문을 해야 할지 모르겠다." "이력서의 어느 부분을 보고 질문을 떠올리면 좋을지 모르겠다." 등의 불안도 있을 것이다. 어렵게 생각할 필요 없다. 자사에 들어오면 좋겠다고 생각되는 사람이 어떤 사고방식을 가지고, 지금껏 어떤 경험을 해 왔는지만 확인하면 된다.

준비를 단단히 하고 면접에 임해도 "하나도 빠트리지 않고 질문할 수 있을까?" "지원자의 진심을 끌어낼 만한 질문을 할 수 있을까?"라며 걱정하는 사람도 있을 것이다. 이때는 지원 동기나 자기소개, 이전 직장을 퇴사한 이유 등 반드시 질문하고 싶은 내용을 질문표로 정리하여, 면접 당일 간략하게 앙케트 조사를 진행하자. 지원자가 제출한 답변을 면접 전에 읽어 두면 안정된 마음으로 면접을 진행할 수 있다. 제한된 시간 안에서 앙케트를 작성하게 함으로써 지원자의 업무 스타일도 간단히 파악할 수 있다.

면접 질문을 만드는 두 가지 방법

질문을 만드는 방법은 두 가지다. 첫 번째 방법은 지원 동기, 자기소개, 장점 및 단점, 퇴직 사유와 같은 전형적인 질문을 하는 것이다. 두 번째 방법은 자사에 요구되는 인재 요건 및 자사에 적합하지 않은 인재상의 관점에서 질문하는 것이다. 특히 두 번째 방법으로 질문할 경우, 면접관은 지원자의 사고방식이나 행동 패턴을 판단할 수 있다.

업무 요건을 충족하는지 알아보기 위한 질문

적극성 매사에 적극적으로 임하는지 살핀다.
"이전 직장에서 이룬 성과가 있다면 무엇입니까?"
"해당 성과를 달성하기 위해 어떤 노력을 기울였습니까?"

유연성 틀에 얽매이지 않고 대응할 수 있는지 살핀다.
"이전 직장에서 새로운 제안을 한 적이 있습니까?"
"해 오던 것과 다른 방법으로 일을 해 본 경험이 있습니까?"

추진력 한 번 결정한 일을 끝까지 완수할 수 있는지 살핀다.
"지금까지 살아오면서 가장 노력했던 때는 언제입니까?"
"노력한 결과는 어땠습니까?"

위기 극복 역경에 굴하지 않고 노력할 수 있는지 살핀다.
"지금까지 살아오면서 위기에 봉착한 경험이 있습니까?"
"당시 어떻게 대처했습니까?"

협조성 자신의 의견을 펼치면서 업무를 진행해 나갈 수 있는지 살핀다.
"상사의 명령이 자신의 의견과 다를 경우 어떻게 하겠습니까?"

소통 능력 자신의 생각을 전달하고, 상대방의 의견을 받아들일 수 있는지 살핀다.
"자신의 의견이 상대방에게 잘못 전달되었을 때 어떻게 행동하겠습니까?"

회사에 적합한 인재상인지 알아보기 위한 질문

업무 의욕 업무에 의욕이 있는지 살핀다.
"당사에 입사한다면 어떤 일을 해 보고 싶습니까?"

책임감 맡은 일에 책임 의식을 가지는지 살핀다.
"휴일에 고객으로부터 문의를 받는다면 어떻게 하겠습니까?"

문제 대처 문제 상황에 대처하는 능력을 살핀다.
"납기일을 지키지 못하게 되었을 때 어떻게 하겠습니까?"

고객 응대 고객과 문제가 발생하는 경우의 대응 능력을 살핀다.
"고객에게 피해를 입혔을 경우 어떻게 하겠습니까?"

달성 의지 주어진 할당량을 달성할 수 있을지 살핀다.
"목표를 달성하지 못하는 사람을 어떻게 생각합니까?"

> **성실성** 업무 기일에 관한 인식을 살핀다.
> "기한은 상관없으니 처리만 해 달라며 업무를 부탁받는다면 어떻게 처리하겠습니까?"

앞에 예시한 질문들을 바탕으로 지원자에게 질문해 보고, 지원자의 대답에 진실성이 있는지(구체성), 앞뒤가 맞는 이야기인지(개연성), 외부 요인에서만 원인을 찾으려고 하지는 않는지(책임 전가), 배워서 해결하려는 노력이 보이는지(업무에 관한 학습 능력), 다른 사람의 입장에서 자신을 볼 수 있는지(객관화) 등을 판단하여 평가한다.

면접에서 물어보면 안 되는 질문

지원자의 적성 및 능력과 상관없는 질문이나 지원자 본인에게 책임이 없는 일, 지원자가 대답할 필요가 없는 사적인 부분에 관해서는 절대 물어봐선 안 된다. "집이 어디쯤인가요?" "××역 3번 출구에서 걸어서 몇 분인가요?" 같은 질문 역시 실례다.

다음은 실제 면접에 나왔던 질문들이다. 이런 종류의 질문은 차별로 이어질 수도 있으니 주의하기 바란다.

"아버님은 어디에 근무하시나요? 부모님은 맞벌이인가요?"
"집은 단독 주택인가요, 자가인가요, 아니면 전월세인가요?"
"결혼하고 아이를 낳은 후에도 일을 계속할 수 있나요? 교제하는 사람은 있나요?"

결혼이나 출산에 관한 질문은 남녀고용평등법에 저촉되는 질문이니 피해야 한다. 성희롱으로 이어질 수 있는 패션, 헤어스타일, 키, 몸매 등에 관한 발언도 피하도록 하자. 비록 칭찬일지라도 받아들이는 측이 불쾌하게 여긴다면 성희롱이 될 수 있다. "치마가 짧다" "머리 스타일이 예쁘다" "키가 작다" 등의 발언도 성희롱으로 간주된다.

▼ 남녀고용평등법 관련 Q&A

여성 지원자의 질문

Q 면접에서 "아이가 태어나면 어떻게 할 것이냐?"라는 질문을 받았습니다. 성차별에 해당하나요?

A 남성에게 하지 않는 질문을 여성에게 하는 등 남녀에게 다른 채용 전형을 실시하는 행위는 평등법 위반에 해당합니다. "여성에게는 힘든 일이라 채용하기 곤란하다." "여성 직원 채용은 이미 끝났다." 등의 발언도 평등법 위반으로 볼 수 있습니다.

남성 지원자의 질문

Q 사무직 모집에 지원했는데 여성 직원을 원한다는 말을 들었습니다. 남녀고용평등법 위반인가요?

A 남녀 모두 모집 대상인데, 채용 대상을 한쪽 성(性)에만 한정하는 행위는 평등법 위반에 해당합니다.

사업주의 질문

Q 상품 운반 등 체력이 필요한 업무에 종사할 근로자를 모집할 때, 체력을 채용 조건으로 넣고 싶은데 문제 소지가 있나요?

A 근로자의 신장·체중·체력을 채용 조건으로 둘 때, 업무 수행 상 특별히 요구된다고 여겨지는 합리적인 이유가 없는 한, 남녀고용평등법 위반에 해당합니다. 운반하는 상품에 비해 지나치게 강한 근력을 요구하거나 근력이 크게 필요하지 않은데 체력을 채용 조건으로 설정하는 경우 역시 남녀고용평등

법 위반에 해당되므로 주의해야 합니다. 만약 체력을 채용 조건으로 설정하는 경우에는 "〜를 들 수 있어야 한다." "〜에 올라갈 수 있어야 한다." 등의 구체적인 제시가 필요합니다. "체력에 자신이 있어야 한다."와 같은 추상적인 내용은 체력을 조건으로 설정한 모집에 해당되지 않으므로 주위를 기울여야 합니다.

여성 근로자의 질문

Q 직장 상사가 저나 다른 여성 직원에게 "아이도 어린데 일을 그만두면 어떠냐?"고 자꾸 물어봅니다. 회사를 그만둬야 할까요?

A 그만둘 필요 없습니다. 앞으로도 계속 일할 생각이라고 상사에게 확실히 이야기하십시오. 남녀 중 한쪽에게만 퇴직을 권고하거나 해고 대상으로 삼는 행위는 남녀고용평등법 위반에 해당합니다.

평가 시트를 작성하여 면접 성공률을 높여라

지금부터는 면접 시 준비해 두면 좋은 '평가 시트'에 관해 설명하려 한다. 평가 시트를 만드는 데는 시간과 노력이 들지만 일단 만들어 두면 그 효과가 매우 크다. 장기적인 관점에서 면접 기록이 회사의 방침이나 성장을 가시화할 수 있기 때문이다. 다음은 평가 시트를 작성할 때 얻게 되는 장점이다.

같은 실패를 반복하지 않을 수 있다

괜찮은 인재라고 생각해서 뽑았는데 면접 때 받은 인상과 다르다든지, 금방 회사를 그만둔다든지 하는 문제가 자주 발생한다. 이런 경우, 면접 기록을 확실히 남기고 합격 이유를 명확히 기록해 두면 같은 실패를 방지할 수 있다.

면접 결과를 책임질 수 있다

누가 면접을 보고, 어떤 지원자를, 왜 합격시켰는지 등에 관한 기록을 데이터로 축적해야 한다. 이는 면접관 선임이나 교육에도 도움이 된다.

누가 담당하든 똑같은 면접을 실시할 수 있다

면접 전 질문할 내용을 머릿속에 넣어 두어도 막상 면접을 보게 되면 잊어버리기 십상이다. 하지만 평가 시트가 있으면 지원자의 어느 부분을 보면 좋은지 등 판단 기준을 확인해 가며 면접을 볼 수 있다. 누가 담당하든 똑같은 면접을 실시할 수 있기 때문에 일관된 기준으로 지원자를 채용할 수 있다.

2차 면접, 3차 면접에 도움이 된다

면접은 적어도 두 번, 가능하면 세 번 실시하는 편이 실패 확률이 적다. 횟수를 거듭할수록 지원자의 진정한 모습을 확인할 수 있기 때문이다. 미처 확인하지 못한 질문이나 신경 쓰였던 점을 기록하여 다음 면접을 효율적으로 진행하자. 단, 지난 면접의 기록에 너무 집착한 나머지 선입견을 가지지 않도록 주의해야 한다.

평가 시트 작성은 보통 면접 후에 실시하게 된다. 따라서 면접관이 지원자에 대한 평가를 잊어버리기 전 정확하게 시트를 작성할 수 있도록 평가 방법·평가 항목·평가 포인트·합격점 등을 정하여 평가 시트를 효율적으로 구성해 두자.

평가 시트 항목과 예시

앞서 평가 시트의 필요성에 대해 살펴보았다. 이번에는 평가 시트를 어떻게 구성하면 좋을지 구체적으로 살펴보자.

추구하는 인재상에 관한 항목

추구하는 인재상이 반드시 지녀야 할 능력을 정리하고, 이를 바탕으로 평가 시트를 구성한다. 평가 시트에는 면접에서 판단해야 할 항목들을 요약한 평가란과 담당 면접자 서명란을 준비한다.

일반적인 질문 항목

경력 채용의 경우 지원 동기나 이전 직장에서의 업무 내용, 퇴직 사유 등의 기본적인 항목에 관해 꼭 질문하자. 면접관마다 질문이 달라지기 마련이지만, 면접관 주관에 따라 질문할 때도 자사가 추구하는 인재상에 일치하는지 아닌지를 기준으로 삼아야 한다.

매너나 몸가짐, 됨됨이에 대한 항목

지원자를 판단하는 기준으로 보통 매너, 몸가짐, 행동력, 향상심, 대화 능력, 전문성(업무 지식과 경험) 등을 들 수 있다. 이외에도 친화력, 사교성, 인내심 등 자사가 특별히 중요시하는 능력이 있다면 추가하여 평가 항목을 만든다.

면접관 소견 항목

면접관 소견란에는 면접에서 마음에 걸렸던 점을 기입한다. '대답하기 어려운 질문을 했더니 될 대로 되란 식의 태도로 바뀌었다.' '예전 직장을 그만둔 이유에 대한 답변에 의문이 남는다.' 등의 관찰 기록을 남긴다.

특이 사항 항목

경력직 채용 과정에서 지원자가 아직 재직 중인 경우, 입사 가능 시기나 지원자의 희망 사항 등을 적어 두면 2차 면접, 3차 면접에서 해당 지원자를 설득할 이야깃거리로 활용할 수 있다.

▼ 평가 시트 예시

면접 일시	년 월 일 ~	성명	

		면접 담당자	

■ 평가 항목   3: 상당히 좋다 2: 좋다 1: 보통이다 0: 좋지 않다

	평가 항목	정의	평가
1	순응성	· 조직에 불응하는 부분이 적다. · 의견이나 지도에 따른다. · 업무 명령에 무리 없이 따른다.	3 2 1 0
2	협조성	· 다른 사람과의 화합을 중요하게 생각한다. · 마찰을 줄이기 위해 노력한다. · 집단을 하나로 만들 수 있다. · 화합을 중시한다.	3 2 1 0
3	책임감	· 매사 포기하지 않고 끝까지 해 나간다. · 웬만한 일로는 포기하지 않는다. · 일을 못 본 척하지 않는다. · 쉽게 단념하지 않는다.	3 2 1 0
4	근로 의욕	· 이야기하지 않아도 솔선수범하여 행동한다. · 일에 대해 관심이 많다. · 일을 좋아한다.	3 2 1 0
5	인상 및 분위기	· 모든 사람에게 사랑받을 것 같다. · 같이 일하고 싶다. · 전화 응대나 접객에 적합하다.	3 2 1 0
6	조건	· 자사가 요구하는 조건을 충족시켰다. · PC 기술을 가지고 있다	3 2 1 0

■ 면접관 소견

■ 특이 사항   ■ 평가 합계

(평가 항목 1~6가지의 합계 점수)

면접 일시	년 월 일 ~
18~12	2차 면접 대상
11~7	검토 요망
6 이하	탈락 대상

추구하는 인재상이 명확할수록 채용 미스매치를 줄일 수 있다

추구하는 인재상을 명확히 정의한다는 것은 인재상을 한정한다는 뜻으로도 볼 수 있다. 인재상을 한정하면 지원자를 가려내기 수월하고 자사에 맞는 지원자의 눈에도 띄기 쉽다.

맹목적으로 취직만을 원하는 인재보다는 자사에 반한 인재를 모으고 싶을 터다. 추구하는 인재상을 명확히 하면, 지원자 입장에서도 자기에게 적합한 회사인지 아닌지 파악하기 쉬워져 회사와 지원자 모두에게 이롭다.

회사 정보를 모집 요강이나 채용 설명회, 구인 광고 등에 게재할 때 인재상을 한 문장으로 표현하면, 회사나 업무에 대해 지원자가 이해하기 더욱 쉬워진다. 다음은 필자의 회사에서 실제로 이용한 문장들이다.

"한 달에 한 번 술자리가 있습니다. 그래도 지원하시겠습니까?"
➔ 다른 사람과의 교류를 즐길 수 있는 지원자

"시간이 아닌 성과로 일하고 싶으신 분은 꼭 저희 회사에 지원해 주십시오."
➔ 성과를 위해서라면 잔업도 받아들일 수 있는 지원자

"잔업을 하고 싶지 않으시다면 꼭 저희 회사로 연락해 주시길 바랍니다."
➜ 어린 자녀를 둔 주부층 지원자

"당사 사무직은 비서 자격검정을 활용할 수 있는 훌륭한 업무입니다."
➜ 남을 보살피기 좋아하는 지원자

"경험자가 아닌 미경험자를 찾습니다."
➜ 인재로 육성하기 쉬운 지원자

"사회 경험이 적은 사람에게 딱 맞는 직장입니다."
➜ 젊은 지원자

"여성들이 활약할 수 있는 직장입니다."
➜ 의욕이 높은 여성 지원자

"후쿠오카 사무소 개설 예정에 맞춰, 새로운 사무소에서 활약해 줄 인재를 구합니다."
➜ 전근이 가능한 지원자

"공헌 없는 성과 없다! 이 문구에 느낌이 온 당신은 당사의 사원으로 딱 맞습니다!"
➜ 협력하려는 자세나 공헌하고자 하는 의욕이 있는 지원자

마지막은 입과 손으로 지원자를 설득해라

 입사 예정자가 반드시 입사한다는 보장은 없다. 최근에는 입사를 결정한 뒤에 퇴사하는 경우도 늘고 있어, 합격자 관리에 더욱 주의를 기울여야 한다.

 자사가 원하는 지원자는 어느 회사나 원하는 인재일 가능성이 높다. 입사 예정자를 확실히 잡아 두지 않으면 다른 회사로 떠나갈 수 있으므로, 지원자들이 입사를 결정할 수 있도록 마지막까지 입과 손으로 설득해야 한다.

 마음에 꼭 드는 지원자의 경우 "우리 회사에는 자네가 꼭 필요해!"라고 직접 이야기하자. 지원자가 고민하고 있을 때 회사의 입장을 확실히 전해 두면 '이 회사는 나한테 기대를 걸고 있어. 이 회사에 입사하자.'라고 마음을 정할지도 모른다.

 이때 지원자 못지않게 부모를 설득하는 일 또한 중요하다. 부모의 의향에 크게 좌우되는 지원자도 있기 때문이다. 지원자의 부모에게 유선상으로 인사를 드리고 설득하는 방법도 좋다. "자녀분이 우리 회사에서 꼭 활약해 주었으면 좋겠습니다."처럼 회사 측이 먼저 의욕을 보이면 자사에 대한 부모의 호감도를 올릴 수 있다.

 손으로 설득하는 방법도 효과적이다. 손으로 어떻게 설득하느냐고 의아해할 수 있다. 여기서는 악수를 하라는 뜻이다. 최종 면접이 끝날 무렵이나 간담회 자리에서 지원자의 손을 잡으며 눈을 맞추자.

열심히 채용 활동을 하더라도 결실을 맺지 못하는 경우가 있기 마련이다. 하지만 조금이라도 성공 확률을 높일 만한 방법을 연구할 수는 있다. 이미 아는 사람도 있겠지만, 심리학에서는 상대방과 접촉하는 횟수가 많으면 많을수록 친근감이 높아지는 현상을 '자이언스 법칙'이라 부른다. 상대방과 자주 만날 기회를 만들면 호감도가 높아져 설득할 수 있다는 말이다.

자이언스 법칙은 여러 상황에서 활용할 수 있다. 영업 사원이 거래처를 자주 방문하거나, 자기 사진이나 프로필을 넣은 명함을 몇 번이고 우편함에 넣은 후 방문하면 느닷없이 찾아가 영업하는 것보다 성공할 확률이 높다. 명함을 몇 번이고 보다 보면 자연스럽게 친근감을 느끼기 때문이다.

3장에서도 말했듯, 면접관의 사진을 자사 홈페이지에 올려놓으면, 지원자는 해당 면접관과 처음 만나서도 호감을 느끼기 쉽다. 작은 일이라도 실천하면 큰 성과를 얻을 수 있다. 인사와 악수를 꼭 실천해 보길 바란다.

채용 결과 발표를 언제 하느냐에 따라 채용 성공률이 달라진다는 사실도 염두에 두자. 때를 놓치면 지원자를 설득하고 싶어도 기회를 얻지 못하게 된다. 지원자는 여러 회사의 면접을 본 상태다. 따라서 자사가 채용을 미처 결정하기도 전에 타사에 입사하겠다고 마음을 정하는 경우가 있다. 특히 경력 채용의 경우 속도감은 더욱 중요하다.

채용 통지서를 우편으로 보내는 경우, 우편물이 도착하는 속도를 고려하여 미리 전화로 연락해 두자. 경력 채용의 경우 면접일로부터 3일 이내가 회사로부터 합격 연락을 기다리는 마지노선이다. 졸업 예정자 채용은 면접일 기준 일주일 전후로 합격을 통지하고, 면담 일정도 미리 정해 두자. 불합격자에게도 가능한 한 빨리 메일이나 우편으로 불합격 사실을 통지해야 한다.

잘못된 면접 한 번으로 공공의 적이 될 수 있다

면접 방법은 회사마다 다르지만, 잘못 대응하면 취업 준비생들에게 부정적인 이미지를 줄 수 있으니 주의해야 한다.

압박 면접은 면접관이 비판적이고 부정적인 질문을 하거나 단점을 지적하여, 지원자를 심리적으로 압박하는 면접을 의미한다. 압박 면접에서는 일부러 대답하기 곤란한 질문이나 화가 날 만한 이야기를 해서 지원자에게 스트레스를 준다. 곤란한 상황에서도 해당 지원자가 감정을 조절할 수 있는지, 기지를 발휘하여 대응할 수 있는지 등 스트레스 내성을 알아보기 위해서다. 하지만 압박 면접은 특별한 목적이 없는 한 회사 평판만 나빠질 뿐 아무런 장점이 없다. 스트레스 내성은 검사 수단을 활용하는 방법만으로도 충분히 알아볼 수 있다.

면접관 성격상, 자기도 모르게 압박 면접을 진행하는 경우도 있다. 다음 예시를 살피며 혹시 모를 압박 면접에 주의하자.

- 일방적으로 우리 회사에는 적합하지 않다고 강한 어투로 말한다.
- 지원자가 의욕이나 열의를 보여도 무관심하게 반응한다.
- 지원 동기도 제대로 듣지 않은 채 다른 회사로 가라고 필요 이상으로 권한다.

압박 면접을 보고 나온 지원자는 SNS 등에 "악평을 들었다."며 글을 올릴 수 있다. 불행히도 회사에 대한 좋지 않은 소문은 순식간에 퍼져 나간다. 그러므로 여러 면접관이 함께 자리하여, 한 면접관이 압박 면접에 해당할 만한 발언을 하면 다른 면접관이 정정하는 등 분위기를 전환시키고 신중하게 면접을 진행하기 바란다.

한편, 압박 면접은 아니지만 지원자를 생각하는 마음에 설교를 늘어놓는 경우도 있다. 면접관 본인은 부모 같은 마음에서 하는 소리라고 생각할지 모른다. 하지만 일면식도 없는 지원자에게 조언해 봐야 의도는 절대 전해지지 않는다. 아무런 신뢰 관계도 없는 사람의 충고는 지원자에게 짜증만 불러일으키기 마련이다. 잔소리가 섞인 면접은 지원자의 괜한 반감을 사기 십상이고, 자칫하다가는 SNS에 부정적인 글이 게재될 수 있으니 주의하자.

▼ 면접 대응 예

면접자: 현재 응시 중인 회사 가운데, 저희 회사는 몇 번째로 입사하고 싶은 회사입니까?

지원자: 두 번째입니다.

나쁜 예

"○○ 씨를 위해서 하는 말인데, 거짓말이라도 좋으니 첫 번째라고 대답하는 편이 좋아요. 앞으로의 취직 활동에 참고하세요."

좋은 예

"솔직하게 답변해 주셔서 감사합니다. 그럼 제일 입사하고 싶은 회사는 어디입니까?"

"제일 입사하고 싶은 회사와 저희 회사의 차이점은 무엇인가요?"

이런 질문으로 대화를 이어 가면 면접은 순조롭게 진행된다.

**제4장
포인트**

❶ 취업 준비생에 대한 정보는 입사 예정자나 막 입사한 사원에게 묻는다.

❷ 2차 면접부터는 '우수한 인재'를 면접관으로 삼는다.

❸ 평가 시트를 만들어 면접의 성공률을 높인다.

❹ 추구하는 인재상이 명확할수록 채용 미스매치를 줄일 수 있다.

05 실전 면접

잘못된 인재를 고르지 않을 수 있는
간단하지만 확실한 방법

이력서 단계에서 채용해서는 안 되는 사원 파악하는 법

작은 회사의 경우 이력서를 면접 당일에 가져오도록 하는 경우도 많다. 하지만 이력서 한 장에는 많은 정보가 담겨 있다. 수기로 쓴 이력서의 경우, 글씨체 하나만 봐도 지원자의 성격이 드러난다. 따라서 이력서는 우편으로 제출받고, 가능한 한 손으로 직접 작성한 이력서를 보내 달라고 요청하자.

기업들의 채용 활동을 조언하면서 많은 이력서를 봐 왔다. 이력서를 살피다 보면 채용하지 말아야 할 지원자에게서 공통적으로 나타나는 특징을 발견할 수 있다. 다음 페이지에 정리해 두었으니 채용 시 꼭 활용하자.

면접은 회사와 지원자의 맞선 자리라고 할 수 있다. 차림새나 형식 등 맞선 자리에 걸맞은 예절이 있는 것처럼 이력서에도 이력서에 걸맞은 예절이 있어야 한다. 사소한 부분이지만, 이력서 하나에도 지원자의 태도가 드러난다. 정도의 차이는 있겠지만, 이력서 단계에서 낙제점을 받았다면 예비 사원으로 기대하기 어렵다.

이력서와 경력 기술서에는 지원자의 '근본'과 '기본'이 담겨 있으니 꼼꼼히 살펴보자. 이때 '근본'이란 지원자가 속한 세대, 주소, 출신 학교 등 지원자의 성향을 파악할 수 있는 정보를 말하며 '기본'이란 지원자가 사회인으로서 가지는 지식이나 태도를 가늠할 수 있는 정보를 뜻한다.

이력서

- 생년월일 ➜ 세대의 특징을 살필 수 있다.
- 주소 ➜ 통근 거리에 따라 이직 가능성을 가늠해 볼 수 있다.
- 최종 학력 및 학과
    - ➜ 졸업 예정자의 경우 참고하는 의미에서 확인한다.
- 첫 입사한 회사
    - ➜ 사회인으로서 가지는 기본적인 태도를 가늠할 수 있다.

경력 기술서

- 처음 입사한 회사에서 담당한 일
    - ➜ 시작점 및 기본적인 지식을 확인할 수 있다.
- 최근 5년 동인의 구체적인 직무 내용
    - ➜ 최근에 쌓은 경력을 점검할 수 있다.

▼ 이력서를 보고 채용에서 제외시켜야 할 유형

- 증명사진 차림새가 적절하지 않다(사복 촬영, 남성의 경우 귀걸이 등).
- 증명사진을 비뚤게 붙였다.
- 증명사진을 클립으로 고정시켜 놓았다.
- 증명사진이 너무 오래되었다.
- 틀린 글자를 수정액이나 교정 부호로 수정했다(수정한 자리에 도장으로 정정인을 찍어서도 안 된다).
- 주소에 도나 특별시를 생략하고 기입했다.
- 취미나 장점을 적는 칸이 비어 있다.
- 연필로 작성했다.
- 틀리거나 빠진 글자가 많다.
- 이것저것 잡다한 자격이 많다.
- 자기 소개 내용(예: 적극적이고 활발하다)과 면접에서 받은 인상(예: 목소리에 힘이 없다)이 전혀 다르다.
- 지원 동기가 너무 형식적이고 뻔하다.
- 여러 색 볼펜으로 기입했다(날짜 부분만 색깔이 다르다면 미리 작성해 놓은 이력서에 날짜만 적어 넣었을 수 있다).

심층 추구형 질문으로 지원자를 간파하는 기술

이번 페이지부터는 면접에서 바로 활용할 수 있는 기술에 대해 설명하려 한다. 아무리 여러 번 면접을 실시한다 해도, 예상 질문에 맞게 준비해 온 모범 답변만 들어서는 지원자의 표면적인 부분밖에 알 수 없다. 면접의 성공은 지원자의 진정한 모습을 파악할 수 있느냐 없느냐에 달려 있다.

지원자를 제대로 파악하고 싶다면, 심층 추구형 질문을 활용하길 바란다. 심층 추구형 질문이란 지원자의 답변을 깊이 파고들어 숨겨진 정보를 끌어내는 기술이다. 즉, 이야기 속에서 키워드가 되는 단어를 찾아내어 점점 깊게 파고들어 가는 것이다.

예를 들어 지원자가 "저는 탁구부 주장으로서 많은 부원들을 하나로 만들었습니다. 이런 리더십이 제 장점이라고 생각합니다."라고 자기 소개를 했다고 가정하자. 자신이 면접관이라면 지원자의 답변 중 어떤 단어에 주목하겠는가? 여기서 깊이 파고들만 한 키워드는 '탁구부 주장'이다. '주장'에도 여러 유형의 주장이 있다. 어떤 유형의 주장을 맡았는지 알아보기 위해, 역할이나 책임 등을 구체적으로 묻다 보면 지원자의 능력을 가늠할 수 있다.

위의 문장에서 몇 가지 다른 키워드도 살펴보자. 예를 들어 많은 부원이라고 표현했는데 '많은'이 어느 정도의 숫자를 의미하는지 명확하지 않다. 해당 지원자에게는 많다고 느껴지는 숫자여도 회사에서 많다고 표현하는 수와는 인식 면에서 다를 수 있다. 따라서 구체적인 숫자를 물어보고 확인하는 편이 확실하다.

많은 부원을 하나로 만들었다는 표현도 마찬가지다. '하나로 만들다'라는 표현은 자주 사용되는 표현이다. 그러므로 구체적으로 어떻게 하나로 만들었는지, 그 과정에서 어떤 어려움을 겪었고, 고난을 어떻게 극복했는지 깊게 파고들어야 한다.

스스로 리더십이 있다고 말한 부분도 신경 쓰자. 어쩌면 부원들은 해당 지원자를 전혀 의지할 수 없는 리더라고 생각했을지 모른다. 지원자에게 리더십이 어떤 의미인지 질문하며, 지원자의 진정한 모습을 이끌어 내자.

창의적이고 자기 주도적인 인재를 원할 때는 논리 테스트를 활용한다

 적성 검사는 기본적으로 언어, 수리, 도형, 논리, 영어의 다섯 과목을 실시한다. 시간 확보나 스케줄 조정이 어려운 경우에는 모든 직종에 필요한 언어, 수리, 논리의 세 과목만 실시하는 방법을 권장한다. 그중에서도 특히 논리 테스트를 우선적으로 실시하길 바란다. 독창적인 사고방식과 아이디어, 스스로 개선해 나갈 수 있는 능력이 있는지 없는지 등을 판단하는 데 가장 적합한 테스트이기 때문이다.

 논리 테스트에는 N극과 S극의 관련성을 이해하거나 알파벳 문자열에서 규칙성을 찾아내는 등 논리적 사고를 요하는 문제가 이어진다. 논리란 다른 말로 표현하자면 법칙이다. 논리적 사고를 가진 사람은 자기주장에 대해 근거와 이유를 바르게 제시할 수 있다. 나아가, 현재 상황을 이상적인 상황으로 이끌 방법을 떠올릴 수 있는 사람은 독창적인 사고방식과 문제 해결 능력 또한 가지고 있다.

 특히 중소기업에는 경영 환경이 바뀌어도 빠르게 대응할 수 있는 인재가 요구된다. 따라서 논리적 사고로 목적이나 목표를 달성해 나갈 수 있는 능력을 겸비한 사람이 중소기업에서 활약할 수 있다.

▼ 논리테스트 예시 문제

문제1 A와 B 사이에는 특정한 연관성이 있다.
C와 D 사이에 동일한 연관성이 있으려면 D에 들어갈 단어는?

A : B
N극   S극

C : D
승낙   ?

❶ 납득   ❷ 수긍   ❸ 허용   ❹ 거절   ❺ 수락

문제2 다음의 알파벳은 어떤 법칙에 따라 나열되어 있다.
밑줄 친 자리에 들어갈 알파벳은?

A C F _ O U

❶ D   ❷ H   ❸ J   ❹ P   ❺ R

정답 : 문제❶ 거절 / 문제❷ J

비슷한 수준의 지원자는 성격을 보고 결정한다

면접이나 적성 검사를 통해 후보자를 추려 나가는데, 만약 A 씨와 B 씨가 거의 비슷한 수준이라면 둘 중 누구를 채용해야 할까? 조금이라도 업무 능력이 뛰어난 지원자를 뽑을지, 자사와 성격이 더 잘 맞는 지원자를 뽑을지 고민될 만한 상황이다.

결론부터 말하자면, 채용의 마지막 단계에서는 어떤 기준보다도 성격을 우선으로 삼길 바란다. 성격에 집중하여 판단하는 편이 채용에 실패하지 않는다.

업무 능력은 입사 후 교육을 통해 향상시킬 수 있지만, 성격은 "세 살 버릇 여든 간다."라는 속담처럼 좀처럼 고쳐지지 않는다. 이상적인 능력을 겸비했더라도 회사 분위기에 맞지 않은 인재라면, 회사도 사원도 고생하기 마련이다. 따라서 회사와 성격이 잘 맞는 후보자를 채용하는 편이 결과적으로 회사에 좋은 영향을 미친다.

140쪽의 그림에서 볼 수 있듯, 업무 능력에는 지식(knowledge), 기술(skill), 역량(competency), 자질(talent)의 네 가지 요소가 있다. 이중 지식과 기술, 역량은 지원자가 업무에 맞게 가지고 있는 '현재적 능력'을 나타낸다. 하지만 자질은 지원자가 기질적으로 가지고 있는 '잠재적 능력'을 뜻한다.

일반적으로 지식이란 일에서 얻은 지식이나 경험, 사례, 노하우를 뜻한다. 기술은 경험이나 훈련을 통해 확보한 능력으로, 기능이나 기술이라고도 할 수 있다. 역량이란 일반적으로 영업 등에서 높은 성과를 올린 사람의 특성을 의미하는데 '행동 특성'이나 '행동 경향'을 뜻한다. 여기서는 높은 성과로 이어지는 능력이라고 정의할 수 있다.

현재적 능력은 채용 후 교육으로 충분히 성장시킬 수 있지만, 타고난 성질이나 성격은 채용 전에 파악해야 한다. 면접에서 보이는 지원자의 능력은 빙산의 일각일 뿐이다. 따라서 빙산 아래 숨겨진 지원자의 잠재적 능력을 파악해야만 한다.

잠재적 능력을 파악하는 것은 매우 중요하며 동시에 가장 어려운 일이다. 적성 검사를 활용하면 면접에서 보이지 않던 자질도 데이터를 통해 세밀하게 확인할 수 있다. 그러므로 전형의 마지막 단계에서 성격을 파악할 때는 면접과 적성 검사 판정 결과를 같이 검토하는 편이 좋다.

▼ 직무 능력의 네 가지 요소

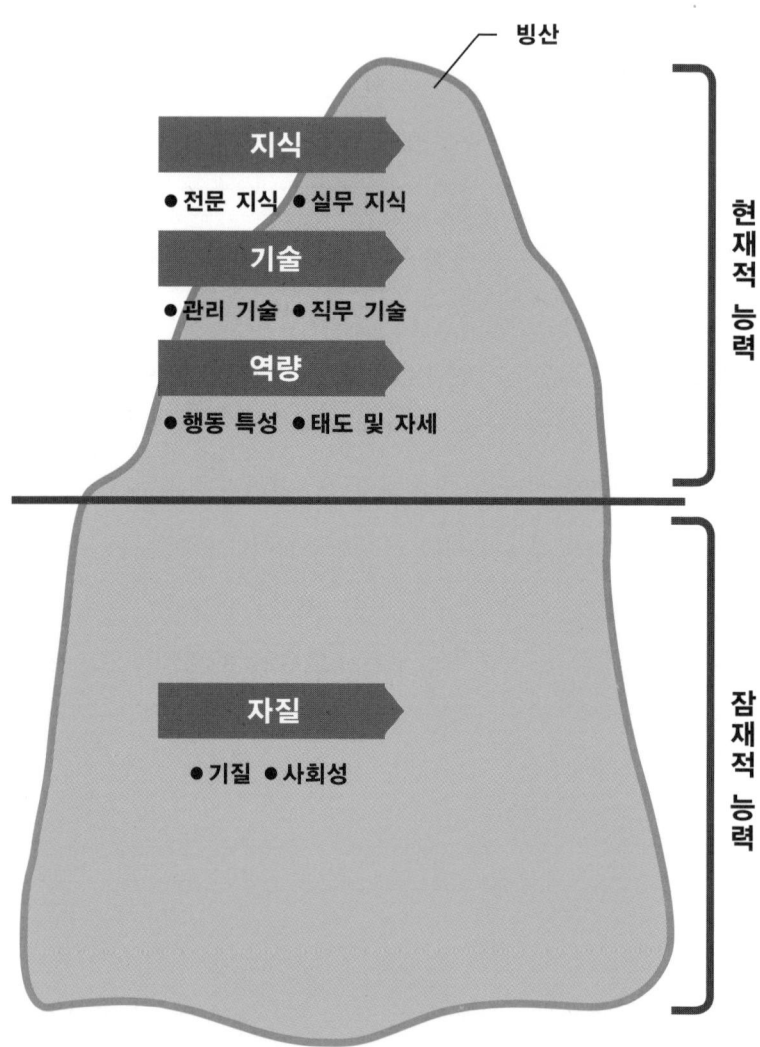

면접관으로서의 마음가짐

몇 번이나 이야기했지만, 채용 활동은 회사의 성장 전략으로 매우 중요하다. 그럼 이번에는 면접관이란 어떠해야 하는가에 관해 생각해 보자.

면접관은 다음 세 가지 사항에서 일관되어야 한다. 첫째, 면접관과 지원자가 대등한 위치에서 면접을 진행한다. 둘째, 일정상 갑자기 면접관이 바뀌어도 동일한 조건 및 채용 기준으로 면접을 실시한다. 셋째, 1차 면접·2차 면접·최종 면접의 목적이 각기 다르므로, 면접관 스스로 면접 단계별로 자신이 맡은 역할에 충실한 태도를 보인다.

1차 면접 현장 사원이 해당 지원자를 키워 보고 싶어 하는지, 업계의 기초적인 지식을 아는지, 업무에 대한 흥미도나 이해도가 높은지 등을 확인한다.

2차 면접 업무에 필요한 능력을 실제로 지니고 있는지, 얼마나 자사에 들어오고 싶어 하는지 등을 확인한다. 마음에 드는 인재가 있다면 자사에 들어오도록 회사 입장을 말한다.

최종 면접 자사에 들어오고 싶어 하는 정도를 다시 한 번 확인하고, 대표나 임원이 직접 지원자를 설득한다.

면접관은 회사를 대표하는 사람이고, 면접관의 이미지는 회사 이미지로 직결된다. 4장에서도 언급했듯, 압박 면접은 물론이고 지원자에게 거만한 태도를 보이거나 예절을 지키지 않는다면 회사에 대한 신뢰도를 떨어뜨릴 수 있다. 특히 인재의 움직임이 많은 업계에서는 회사의 평판이 금세 퍼져 나가니 주의하자.
　면접은 일종의 인터뷰고, 면접관은 지원자를 인터뷰하는 사람이다. 인터뷰를 하는 사람은 사전 준비가 중요하다. 지원자에 대한 정보를 미리 머릿속에 정리한 상태에서 지원자를 맞이하자. 지원자의 이력서를 제대로 읽었다는 느낌이 해당 지원자에게 전해진다면 면접관의 인상, 나아가 회사의 인상이 좋아진다.

면접관에게 요구되는 능력

면접관에게는 다음 네 가지 능력 질문 능력이 필요하다.

질문 능력

면접은 질문으로부터 시작된다. 특히 2차 면접부터는 심층 추구형 질문이 중요하다. 지원자로부터 보다 구체적인 정보를 끌어낼 수 있느냐가 2차 면접의 관건이다.

면접관 당사에 지원한 동기는 무엇입니까?
지원자 그간의 업무 경험을 살려 새로운 곳에서 활약해 보고 싶었습니다.
면접관 입사한다면 어떤 경험을 저희 회사에서 활용할 수 있다고 생각하십니까?

이렇게 질문해 가다 보면 해당 지원자가 경험해 온 일이 무엇인지, 나아가 업무 내용에 대해 얼마나 이해하고 있는지 확인할 수 있다.

경청 능력

지원자가 이야기하기 수월하도록 지원자의 말을 귀 기울여 듣는 기술이다. 고개를 끄덕이거나 들은 이야기를 되물어보는 등 지원자에게 적극적으로 반응을 보이면 면접은 매끄럽게 진행된다. 얼굴을

똑바로 들고 밝은 표정을 보여 주길 바란다. 절대 지원자에게 무표정을 보여서는 안 된다.

관찰 능력

말뿐 아니라 지원자의 표정이나 목소리, 몸짓 및 손짓에도 관심을 가진다. 만약 지원자가 작은 목소리로 질문에 대답한다면 자신감이 낮은 지원자라고 판단할 수 있다. 또, 지원자가 목이나 가슴 가까이에 손을 대거나 팔을 만진다면 받고 싶지 않은 질문을 받은 상황이라고 추측할 수 있다. 이처럼 지원자의 표정이나 목소리, 태도, 몸짓에는 지원자의 속마음이 드러난다. 지원자의 행동 또한 평가에 반드시 참고하자.

분위기 연출 능력

면접을 시작할 때 미소로 지원자를 맞이해야 한다는 점을 잊지 말자. 지원자는 면접을 잘 보고 싶은 마음에 극도로 긴장하기 마련이다. 이야기하기 쉬운 화제나 이슈에 관한 이야기부터 시작하여 면접 분위기를 부드럽게 만든다.

면접관에게 훈련이 필요한 이유

아무리 우수한 면접관이라 해도 사람이 사람을 판단하기는 어렵다. 평가가 누락되거나 부족한 부분이 발생할 수 있고, 면접관의 그릇된 믿음이나 착각으로 지원자를 잘못 평가할 수도 있다.

앞서 2장에서 소개한 것처럼, 평가 과정에서 나타나는 실수는 면접관의 심리적 효과 때문이다. 평가 과정에서의 심리적 효과는 면접관을 훈련시키지 않는 한 좀처럼 배제하기 어렵다. 심리적 효과는 평가자도 모르는 사이에 무의식적으로 작용한다.

다음 면접관에게 흔히 나타날 수 있는 심리적 효과들을 살피고, 면접 시 실수하지 않도록 주의하자.

후광 효과 지원자에게 눈에 띄게 뛰어나거나 부족한 특징이 있으면, 모든 면에서 뛰어나거나 부족하다고 평가해 버리는 현상을 의미한다.
예) 대기업 출신은 일을 잘할 것이라고 평가한다.

중심화 경향 극단적인 평가를 피해 무난한 정도로 평가하는 경향을 의미한다. 반면, 중심화 경향과 반대로 지원자를 극단적으로 평가하는 경향은 극단화 경향이라고 한다.
예) A, B, C 3단계 평가 시 우열을 가리지 못해 무난한 B(보통)로 평가한다.

관대화 경향 평가가 너무 물러 전체적으로 높게 평가하는 경향을 의미한다. 관대화 경향과 달리, 엄격한 잣대로 지원자를 판단하는 경향은 엄격화 경향이라고 한다.

(예) 인정이 작용하여, 면접관 자신도 모르게 관대하게 평가한다.

논리 오차 독립적인 평가 항목임에도, 평가자가 관련성이 있다고 판단하여 동일 평가 및 유사 평가를 하는 현상을 의미한다.

(예) 책임감이 강한 사람은 목표 의식도 높아 영업 사원에 적합하다고 평가한다.

대비 오차 평가자가 개인적인 경험 및 실적을 기준으로 자신이 잘 아는 분야에 대해서는 비교적 엄격하게, 잘 모르는 분야에 대해서는 비교적 무른 평가를 하는 현상을 의미한다.

(예) 면접자가 해당 분야에 대해 자격을 가지고 있지 않은 경우, 자격을 보유한 지원자에 대해 필요 이상으로 높게 평가한다.

면접의 목적

면접은 왜 실시하는 것일까? 면접의 목적은 이력서나 경력 기술서로는 알 수 없는 능력이나 인간성을 끌어내어 자사에 걸맞은 인물인지 파악하기 위해서다. 따라서 면접에서는 지원자의 자질과 의욕 나아가 조직에 무리 없이 흡수될 수 있는지 등을 확인해야 한다.

면접을 시작하기 전 심리적인 장벽을 누그러뜨린다

면접 자리에는 긴장된 공기가 흐르기 마련이다. 지원자뿐 아니라 면접관 스스로도 긴장을 푼다는 의미에서 면접장의 분위기를 밝게 만들자. 그 첫걸음은 지원자를 미소로 밝게 맞이하는 것이다.

지원자   똑똑똑
면접관   네, 들어오세요.
지원자   실례하겠습니다.
면접관   안녕하세요?
지원자   안녕하세요. ○○○○이라고 합니다. 면접 잘 부탁드리겠습니다.
면접관   네, 저도 잘 부탁드리겠습니다. 자리에 앉으세요.
지원자   감사합니다.

지원자가 의자에 앉으면 일단은 평가와는 관련이 없는, 누구나 대답할 수 있는 질문부터 시작한다.

면접관 오늘 날씨가 좋네요. 여기까지는 어떻게 오셨나요? 회사는 금방 찾으셨나요? 긴장되시지요?

본격적인 면접에 앞서 보편적인 질문부터 시작한다

지원자가 예상했을 법한 일반적인 질문부터 시작한다. 보통 이런 질문은 지원자가 답변을 준비해 오기 때문에 답변이 술술 나온다.

면접관 저희 회사를 지원하신 이유는 무엇입니까? 예전 직장에서의 실적에 관해 이야기해 주십시오.

이력서를 검토하며 알고 싶었던 점을 구체적으로 확인한다

면접장 분위기에 익숙해져 지원자의 방어벽이 누그러졌을 때쯤, 지원자에 대해 알고 싶었던 부분을 확인한다. 답변 중에 신경 쓰였던 내용이 있다면 깊이 파고들며 질문한다. 딱히 파고들만 한 요소가 없다면 다음 질문으로 넘어간다.

▼ 예시 문답

면접관 이력서를 보니 동아리 부장을 맡은 적이 있더군요.
지원자 네. 많은 멤버들을 하나로 만들었기 때문에 리더십에는 자신 있습니다.
면접관 많은 멤버라고 하셨는데, 멤버 수는 몇 명 정도였나요?
→ 구체적인 숫자를 확인한다.

"○○ 씨가 생각하는 리더십이란 무엇입니까?"
→ 단어 추적

"부장을 지내면서 힘들었던 점을 에피소드와 함께 이야기해 주십시오."
→ 지원자의 이야기에 구체성이 있는지, 거창하게 지어 낸 경험인지, 진짜 유익한 경험인지 파악한다.

"어려운 상황을 어떻게 극복하셨나요?"
"그때 상황을 좀 더 구체적으로 이야기해 주십시오."
→ 자사가 추구하는 인재 요건에 리더십이 없더라도 에피소드 속에서 다른 가능성을 발견할 수도 있다. 이를 놓치지 말고 단어를 추적해 나간다.

▼ 예시 문답 2

면접관 이전 직장을 퇴사한 이유는 무엇입니까?
지원자 지금까지의 경험이나 습득한 기술 및 자격을 살려 귀사에서 좀 더 경력을 쌓고 싶었습니다.
면접관 당사의 어떤 업무에서, 어떠한 경력을 쌓을 수 있다고 생각하십니까?
→ 업무 내용에 대한 이해도나 지원에 대한 열의를 확인한다.

"가지고 있는 기술이나 자격을 이전 회사에서 살려 볼 생각은 해 보셨나요?"
→ 싫증 내는 성격은 아닌지, 조직에 대한 정착성 등을 확인한다.

가능하다면 예전 직장에서 '퇴직 증명서'를 떼어 오라고 요청하자. 이때 지원자의 표정, 손짓 및 몸짓, 목소리 상태를 놓쳐선 안 된다. 이전 회사와 문제가 있는 등 무언가 감추거나 떳떳하지 않은 점이 있으면 표정에 드러나게 되어 있다.

이것만으로 알 수 있다!
일 잘하는 인재를 가려 낼 수 있는 다섯 가지 마법의 질문

사실 더 간단하게 사람을 간파할 수 있는 방법이 있다. 모든 회사 및 직종에서 활용할 수 있고, 일 잘하는 인재인지 여부를 한눈에 알 수 있는 마법의 질문을 소개한다.

질문 1 아침 몇 시에 일어납니까?

▶ 여기서 파악할 수 있는 점은? 목표 달성 능력, 근로 의욕

▶ "일찍 일어나는 새가 먹이를 잡는다."라는 말이 있다. 일찍 일어나는 사람은 먹이도 잡지만 일도 잘한다는 뜻이다. 아침에 일찍 일어난다는 것은 "아침 ×시에 일어나겠다."고 정한 자신과의 약속을 실행할 수 있는 사람을 의미한다. 아슬아슬하게 출근 시간에 맞춰 출근하는 사람보다 시간적 여유를 가지고 일어날 수 있는 사람이 일에 대한 근로 의욕도 높다. 출근 전에 시간을 마련하여 좋아하는 활동을 하는 '얼리버드 족'이 늘고 있는데, 아침에 일찍 잘 일어나는 사람은 의욕도 높은 경향을 보인다.

질문 2 자신이 행복하다고 생각합니까?

▶ 여기서 파악할 수 있는 점은? 조직에 대한 정착도, 우울증 경향

▶ "행복하지 않다."고 대답하는 사람은 불만이 많은 성향으로 볼 수 있다. 현재의 위치 및 자리에서 어떻게 해 나가느냐가 중요한데, 불만이 많은 사람은 현재 상황을 받아들이지 못하기 때문에 미래도 잘 꾸려 나가지 못한다. 이런 성향은 곧 조직에 대한 낮은 정착도로도 이어진다. 불만을 달고 사는 사람은 어느 회사에서 일하나 마찬가지다. 정신적인 불안함 때문에 "행복하지 않다."고 말하기도 하는데, 그중에는 우울증 경향이 있는 사람도 있다.

질문 3 혹시 질문 있습니까?

▶ 여기서 파악할 수 있는 점은? 상상력, 진지함 정도

▶ 대부분의 면접관은 마지막에 꼭 이 질문을 한다. 면접관이 질문할 것을 알고 있으면서도 질문할 사항이 없는 사람은 상상력이 부족하거나 질문을 준비해 오지 않은 사람이다. 이런 지원자는 진심으로 입사하고 싶은 마음이 없을지 모른다. 진심으로 회사에 들어가고 싶다면 알고 싶은 점이나 가르쳐 주었으면 하는 점이 반드시 있기 마련이다. 회사에 흥미도 없고, 관심도 없기 때문에 질문이 없는 것이다.

질문 4 우리 회사 대표님 성함을 알고 있습니까?

▶ 여기서 알 수 있는 점은? 사전 준비 능력, 조사 능력

▶ 아주 간단한 질문이지만, 대표 이름을 모르는 지원자도 있다. 이 질문 또한 예상 범위 안에 있으므로, 지원하는 회사의 대표 이름은 기본적으로 알고 있어야 한다. 질문에 대답하지 못하는 지원자라면 사전 준비가 부족한 사람으로 볼 수 있다. 일을 잘하고 못하고와 상관없이 면접 자리에 최소한의 노력조차 하지 않고 온 지원자인 셈이다.

질문 5 이전 직장을 그만둔 이유는 무엇입니까?

▶ 여기서 알 수 있는 점은? 스트레스 내성, 퇴직 사유와 가치관

▶ 면접관 중에는 이전 직장을 그만둔 이유를 확인하지 않는 사람도 있는데, 퇴직 사유는 반드시 물어보길 바란다. 답변을 통해 어떤 일로 회사를 그만두고 퇴직을 생각하는지 가치관을 살펴볼 수 있을 뿐 아니라, 어느 정도의 스트레스에 회사를 그만두는지 등 스트레스 내성도 파악할 수 있다.

상대방의 진심을 끌어내기 위한 기술

지원자가 자사에 적합한 인재인지 확인하기 위해서는 지원자의 진심을 최대한 끌어내는 편이 좋다. 긴장감이 흐르는 면접 현장에서 어떻게 하면 지원자로부터 진심을 끌어낼 수 있을지 생각해 보자.

지원자가 긴장을 풀 수 있도록 항상 신경 쓴다
- 심문하는 듯한 말투나 강한 어투로 말하지 않는다.
- 지원자의 이야기에 수긍하고, 부드러운 표정으로 귀 기울인다.
- 가벼운 칭찬으로 지원자를 격려한다.

의식적으로 지원자의 답변을 파고들어 간다
- 지원자가 소개한 경험에서 어떤 감정을 느꼈는지 묻는 등 이야기의 진실성을 확인한다.
- 감정에 대해 묻다 보면 지원자가 가지고 있는 사회성, 의욕, 사기를 확인할 수 있다.
- "왜?"라는 질문을 반복적으로 사용하면 지원자가 심문당하는 느낌을 받을 수 있다. 이유를 캐묻는 질문은 피한다.

면접관 그때 기분은 어땠습니까?

지원자 꾸준히 쌓아 온 노력이 성과로 이어졌다는 사실에 성취감을 느꼈습니다.
면접관 왜 그런 기분을 느꼈다고 생각합니까?
지원자 정말 열심히 했는데, 작은 실수로 우승을 놓친 것이 억울해서 그런 기분을 느꼈던 것 같습니다.

표정, 목소리 상태, 몸짓 및 손짓을 관찰한다

- 말만 번지르르하게 대답하고 있지는 않은지 살핀다.
- 표정이나 목소리 상태, 몸짓 및 손짓에서 진심을 파악한다.

원하는 인재를 입사하게 만드는 '의욕 업' 면접 기술

지원자의 입사 의욕을 높이는 '의욕 업(up)' 면접은 "이 인재다!" 싶을 때 효과적인 면접 기법이다.

순서 1 질문을 통해 자사에게 좋은 인재인지 확인한다.

순서 2 자사와 맞는 인재인지 확신했다면 자기 소개를 부탁한다.

순서 3 지원자의 자기 소개 내용을 활용해 지원자를 설득한다.

"지원자가 가지고 있는 장점은 업무에 도움이 될 것 같습니다. 우리 회사에서 ○○ 씨의 장점을 펼쳐 보지 않겠습니까?"

→ 자사가 지원자의 장점을 살려 활약할 수 있는 곳이라는 이미지를 심어 준다.

순서 4 불안 요소는 제거하고 장점은 칭찬하며, 미래를 그려 보게 한다.

"좀 더 활약하려면 이외에 또 무엇이 필요하다고 생각합니까?"
"우리 회사에 들어오는 데 불안한 점이 있습니까?"
"어떤 일을 해 보고 싶습니까?"
"아직 결정된 건 아니지만, 입사하게 된다면 함께 열심히 일해 봅시다!"

→ 지원자는 미래를 꿈꾸며 합격 연락을 기다리게 된다.

실제 면접에서의 포인트

지금까지 설명한 면접 노하우를 바탕으로 실제 면접에서 알아두어야 할 점을 정리해 보자.

면접 시간을 충분히 갖는다

면접 시간은 20~30분을 기준으로 하되, 최종 면접은 한 시간 정도로 잡는 것이 좋다. 필자가 조언하는 기업 중에는 최종 면접 때 지원자 자신에 대한 셀프 프레젠테이션을 시키는 회사도 있다. 프레젠테이션은 자료 작성이나 발표 능력을 확인하기 위해서인데, 발표자 본인에게도 좋은 경험이 된다.

최종 면접은 보통 대표와 면담하고 얼굴을 확인하는 정도라는 이미지가 있다. 하지만 제대로 시간을 들여 실시하는 편이 지원자의 인상에 남아 결과적으로 입사를 번복하기 어렵게 만든다. 많은 과제를 해결하고 입사를 희망하는 사람이다. 어중간한 마음가짐으로는 최종 면접까지 올 수 없다. 그렇다고 해도 지원자에 대한 관찰을 멈춰서는 안 된다. 마지막까지 지원자의 태도를 꼼꼼히 살피며 판단 기준으로 삼는다.

시작은 폐쇄형 질문으로 시작한다

면접이 시작되면 면접장 전체에 긴장감이 흐른다. 지원자는 물론 면접관 스스로도 긴장을 푼다는 의미에서 폐쇄형 질문으로 분위기를 누그러뜨리자. 간단하게 "네." 또는 "아니요."로 대답할 수 있는 질문부터 시작하면 면접이 순조롭게 진행된다.

예를 들어 "오늘 너무 춥죠?"("네.") "혹시 길을 헤맸나요?"("아니요.") 등과 같은 느낌이다. 대화를 주고받는 데 익숙해질 무렵 개방형 질문, 즉 생각이나 의견을 묻는 질문으로 넘어가 지원자의 진심이 무엇인지 확인한다.

대접한다는 마음을 잊지 않는다

면접관 자리만 음료를 준비하고 지원자 자리는 아무것도 준비하지 않는 태도를 보여서는 안 된다. 지원자를 회사에 방문한 고객이라고 생각하고 대접하자. 면접관의 행동과 발언은 회사 이미지에 영향을 미치기 마련이고, 지원자를 푸대접하면 소문은 순식간에 퍼져 나간다. 특히 소매업이나 음식업의 경우 지원자는 해당 지역에 사는 소비자이기도 하다. 때론 단골 손님이 지원자가 될 수도 있다. 그러므로 채용을 하지 않더라도 절대 지원자를 나쁜 기분으로 돌아가게 해선 안 된다.

2차 면접부터는 회사 측이 교통비를 부담한다

1차 면접부터 교통비를 주는 것이 가장 이상적이지만, 채용 예산이 얼마 없는 중소기업이라면 적어도 2차 면접부터는 반드시 교통비를 지급한다.

1차 면접은 구인 광고를 본 지원자가 희망하여 회사를 방문하는 것이므로 교통비를 부담하지 못해도 큰 흠이 되지 않는다. 하지만 2차 면접은 회사가 일정을 정하고 지원자에게 와 달라고 부탁하는 것이다. 회사가 초대하는 셈이니 상식적으로 생각해도 최소한 교통비 정도는 내주는 것이 맞다.

중소기업의 경우 먼 지역에서 지원하는 사람이 적으므로 부담은 크지 않을 터다. 교통비 유무로도 지원자가 회사에 대해 가지는 인상이 달라질 수 있으니 꼭 지급하자.

채용 관련 서류를 미리 준비한다

면접 평가 시트를 작성하지 않고 면접을 실시하면 바른 평가를 내릴 수 없다. 기업 설명회 안내서나 합격 및 불합격 통지서 등의 관련 서류들도 미리 준비하자.

이런 사원은 절대 안 된다!
한 번 더 강조하는, 채용하지 말아야 할 지원자 유형 8

자사에 적합한지와 상관없이 채용을 절대 해서는 안 될 지원자들이 있다. 어떤 지원자들이 해당되는지 유형별로 살피며, 자사가 추구하는 인재상과 그렇지 않은 인재상을 확실히 머릿속에 그려 두자.

전직을 일삼는 유형

이력서를 꼼꼼히 살핀다면 이 유형의 지원자를 피할 수 있다. 전직을 일삼는 지원자에게는 이전 직장을 그만둔 이유를 구체적으로 확인한다.

지원 동기가 분명하지 않은 유형

왜 자사에 들어오고 싶은지 확실하지 않은 지원자는 답변 속에 긍정적인 말이 없고 적극성도 느껴지지 않는다. 경력 채용의 경우, 부정적인 사유로 이전 회사를 그만둔 사람도 많으니 명확하지 않은 부분이 있다면 확실히 짚고 넘어간다.

근로 조건을 고집하는 유형

급여, 상여, 사회 보장 등의 근로 조건은 기본적으로 고지되는 정보이므로 구인 정보를 살피면 쉽게 알 수 있다. 그런데도 집요하게 근로 조건에 대해 질문해 온다면 조건에만 관심이 있는 사람이다. 이런 유형의 지원자는 더 나은 조건의 회사로 전직할 가능성이 높다.

부정적인 사고의 인재 유형

자신감이 없거나 과거 실패한 경험이 트라우마가 된 지원자는 "아무래도 나한텐 무리야." "절대 잘 될 리 없어." 등 부정적으로 생각하기 십상이다. 부정적인 생각에 쉽게 빠지는 지원자들이 늘고 있으므로 면접 시 주의 깊게 관찰한다.

무뚝뚝한 인재 유형

영업 사원에게는 거의 없는 유형이다. 하지만 고객과 접할 일이 없는 사무직 계열이라도 붙임성이 없는 사람보다는 사교성 있는 사람을 채용하고 싶은 법이다. 영업 사업의 업무 대상은 고객이고, 사무 및 관리 부문에서 일하는 사원의 업무 대상은 사내 사원들이다. 영업 사원이나 사무직 사원 모두 사람을 업무 대상으로 한다는 공통점이 있다. 사무직 계열이라고 무뚝뚝한 성격이 무조건 허용되는 것은 아니다. 기왕이면 조직 내에서 사랑받을 수 있는 지원자가 좋다.

보통 인재 유형

분명 시간을 들여 면접을 봤지만, 인상에 남지 않는 지원자도 있다. 이런 지원자들은 '보통 인재' 유형에 속한다. 이 유형의 지원자들은 나쁘지는 않지만 특징이 없다. 채용은 어떤 의미에서 보면 큰돈을 들이는 쇼핑이다. 집이나 차 등 큰돈을 들이는 쇼핑은 정말 마음에 들어야 사지, 그저 그래서는 절대 사지 않는다. 면접관의 인상에 남지 않는 보통 인재 유형을 굳이 채용할 필요는 없다.

자기주장이 강한 인재 유형

"저는" "제가" 등 자기주장이 강한 유형은 다른 사람 이야기를 잘 들으려 하지 않는다. 자아가 강해 대화에 문제가 생길 수도 있으니 피하는 것이 좋다.

학력에 편중된 인재 유형

학력 이외에 내세울 점이 없는 지원자도 꽤 많다. 학력으로 알 수 있는 점은 딱 한 가지, 해당 지원자가 열심히 공부했다는 점이다. 학력이 높은 것과 일을 잘하는 것은 전혀 별개 문제다. 게다가 학력이 높은 사원이 한 사람뿐이라면 해당 사원만 조직 내에서 붕 뜨고 만다. 작은 회사일수록 다양성보다는 방향성을 맞춰 인재를 육성하는 것이 중요하다.

참고로, 필자의 회사가 약 50개의 중소기업을 대상으로 실시한 '추구하는 인재상'에 관한 앙케트 조사 결과를 보면 50% 이상의 회사가 '협조적인 유형'이라고 응답했다. 이처럼 협조성도 능력 중 하나라고 보는 회사가 많다. 이외에도 상식적인 사고, 준법적인 마인드, 적극적인 태도, 강한 책임감 등이 추구하고 싶은 인재 특성으로 꼽혔다.

제5장 포인트

❶ 이력서는 면접 당일이 아니라 사전에 받아 꼼꼼하게 확인한다. 채용 여부로 이어지는 정보가 많아 지원자를 판단하기 쉽다.

❷ 채용하기 전 '논리 테스트'를 활용하면 효과적이다.

❸ 면접관도 훈련이 필요하다. 깊이 있는 질문을 통해 지원자의 진심을 파악하고 특성을 판단하자.

06 정착전략

입사 후 삼일, 삼 주가 정착을 결정한다

입사 후 삼 일, 삼 주가 그 이후를 결정한다

새해가 밝고 신입 사원 입사식을 맞이하면 채용 활동은 끝이 난다. 하지만 애써 우수한 인재를 확보하더라도 금세 그만둔다면 회사는 곤란할 수밖에 없다. 조기 이직을 방지하기 위해서는 방책을 강구해야만 한다.

직장 생활과 업무가 모두 처음인 신입 사원에게는 하루하루가 긴장과 불안의 연속이다. 익숙하지 않은 일투성이다 보니 실수하고 실패하기 일쑤다. 바로 이때 튜터가 나서야 한다. 튜터는 멘토라고도 불리는데, 선배 사원이 신입 사원을 대상으로 튜터 역할을 하며 돌봐주는 것을 의미한다. 업무상 지도는 물론 직장에서의 불안이나 사적인 고민을 들어주거나 조언하는 역할도 한다.

비슷한 연배의 튜터가 "수고했어! 오늘 하루 어땠어?" "괜찮았어?" "불안한 일은 없었어?" 등 적극적으로 신입 사원에게 물어봐 주면 좋다. 가볍게나마 신입 사원 입에서 하루 동안 겪은 일이나 실패담 등이 나와 준다면, 튜터가 자신의 역할을 성공적으로 수행했다고 할 수 있다. 동서 분간도 안 되는 상황에서 뭐든지 상담할 수 있는 선배 사원이 곁에 있어 준다면 신입 사원으로서는 마음이 든든할 것이다.

"작심삼일로 끝내지 않는다." "참고 견디면 복이 온다는 마음가짐으로 임한다."는 말을 들어보았을 것이다. 입사 후 삼 일, 삼 주는 신입 사원이 회사에 정착하는 데 있어 하나의 기준이 된다. 특히 첫 삼 일에 주의하자. 긴장감에 가슴이 터질 듯한 신입 사원들을 하루도 거르지 말고 날마다 신경 쓰자. 이후로는 일주일에 한 번씩 삼 주 이상 지속적으로 면담을 진행한다.

  조언이 지나치게 세세하다고 느낄 수도 있다. 하지만 입사 초기 아무런 신경도 쓰지 않았다가, 신입 사원이 퇴사를 결정한 뒤 후회해 봐야 소용없다. 한 달 정도 지나면 신입 사원도 새로운 환경에 익숙해져 안정적으로 일할 수 있다. 그다음은 상황에 맞게 대처해 나가면 된다.

황금연휴 전후로도 반드시 면담을!

입사 후 삼 일 동안의 집중 면담에 이어, 다음으로 큰 정착 포인트는 바로 황금연휴 시기다. 황금연휴 후에 그만두는 신입 사원이 많으니 연휴 전에 미리 신경 쓰자.

황금연휴 뒤 그만두는 사람이 나오는 이유로는 외부 사람의 영향력을 들 수 있다. 오랜 연휴 기간 동안 업무 이외 사람들과 만날 기회가 늘어나고, 친구들과 만나면 "거기 회사는 어때?" 등 정보를 교환하기도 한다. 친구들과 이 회사 저 회사 비교하다 보면 남의 떡이 더 커 보이기 마련이다. 입사 후 한 달 만에 일에 대한 사명감이 생기지는 않는다. 외부에서 들려오는 소리에 귀를 기울이다 보면 신입 사원의 마음은 어느새 팔랑팔랑 흔들리게 된다.

조기 이직을 막기 위한 사전 대책으로 황금연휴 전후에도 튜터와의 면담을 실시하자. 예를 들어 입사 후 한 달을 되돌아보며 성장한 점이나 업무상 어려운 점 등을 리포트로 정리하여 제출하게 해도 좋다. 단, 일방적인 리포트 제출로 끝나선 안 된다. 피드백도 잊지 말자. 이때 핵심은 리포트 자체가 아닌 '관계의 지속'이다.

연휴 전 부담되지 않을 정도의 작은 과제를 주어 쉬는 동안에도 신입 사원의 의식 속에서 일이 완전히 떠나가는 일이 없도록 만든다. 휴가는 휴가지만 완전히 쉬게 만들지는 않는다. 이렇게 하면 연휴가 끝난 후 순조롭게 업무 모드로 복귀시킬 수 있다.

　신입 사원 연수를 황금연휴 시기로 맞추는 방법도 권장한다. 연수가 황금연휴 시기와 가까우면 휴가 중에도 업무 모드가 지속되어 잡음에 귀를 기울일 여유가 없어진다. 긴 연휴가 끝난 뒤, 환경 변화에 따라가지 못해 스트레스로 몸 상태가 안 좋아지거나 슬럼프에 빠지는 사원도 생기기 쉬우니 주의 깊게 상태를 살펴보자.

　입사 후 일 년 동안은 황금연휴뿐 아니라 여름휴가나 연말연시에도 튜터와의 면담을 실시하면 좋다. 적절한 튜터 제도의 활용은 신입 사원의 정착으로 이어진다.

| 에필로그 |

  마지막까지 읽어 주셔서 감사합니다.《성장 면접 : 성장 전략으로서의 인재 채용》어떠셨나요?

  프롤로그에서도 소개했듯 이 책은 모집에서 전형, 퇴사 방지책, 입사 후 지원까지를 알기 쉽게 정리한 책입니다. 지원자에게 선택받을 수 있는 기업이 되기 위한 실천 가능한 채용 노하우를 많이 담아냈다고 생각합니다. 이 책 한 권만 읽으면 채용에 관한 기초적인 스킬을 습득할 수 있다는 점이 가장 큰 장점입니다.

  이제 실천만이 남았습니다. 실천 없이는 성과도 없습니다. 부디 이 책에서 소개한 채용 노하우를 하나하나 우직하게 실천해 주시기 바랍니다. 실천에 실천을 거듭하다 보면 귀사의 채용 능력이 확실히 좋아졌음을 실감할 수 있을 겁니다. 이 책을 만남으로써 귀사의 채용 활동에 새로운 무기가 하나 더 추가된다면 저자로서 더 큰 기쁨은 없습니다.

  마지막으로 일반사단법인 채용면접사협회 이사이자 동료인 사회보험 노무사 요시타케 노부사다 선생님과 다케우치 아키라 선생님, 두 분이 채용 노하우를 제공해 주셨기에 이 책이 더 알찬 내용으로 만들어질 수 있었습니다. 감사합니다.

성장 면접 성장 전략으로서의 인재 채용

마키 노부히데 글 | 김진연 옮김

초판 인쇄일 2016년 3월 30일 | **초판 발행일** 2016년 4월 10일
펴낸이 조기룡 | **펴낸곳** 명태 | **등록번호** 제109호-91-91204호
주소 서울시 영등포구 당산로41길 11 SKV1 Center W1801
전화 (02)335-0449, 335-0445(편집) | **팩스** (02)6499-1165
전자우편 bookinmylife@naver.com | **홈카페** http://cafe.naver.com/thebookinmylife
편집장 이은아 | **편집1팀** 조정우 김예지 | **편집2팀** 신인수 이다겸
디자인 안나영 김지혜 | **경영지원** 조하늘 | **마케팅** 강보람

ISBN 979-11-956076-7-9 (13320)
(CIP제어번호: CIP2016008134)

* 명태는 내인생의책의 임프린트입니다.
* 책값은 뒤표지에 있습니다.
* 잘못된 책은 구입처에서 바꿔 드립니다.